목수의
인문학

목수가 된 인문학자의 인생·철학·고전 3막 18장

목수의 인문학

임병희 글 | 이우일 그림

서문

인생미정人生未定, 나도 내가 목수가 될 줄 몰랐다!

10년 전의 나는 지금의 나를 상상하지 못했다. 하긴 그 이전에도 그건 마찬가지였을 것이다. 하지만 가만히 뒤돌아보면 그 순간순간의 선택이 지금의 나를 만든 것도 틀림없는 일인 듯하다. 신화를 공부하면서 이런 말을 한 적이 있다. "이 세상의 모든 일은 신화인 것도 없고 신화 아닌 것도 없다." 삶도 그렇다는 생각이 든다. 정해진 것도 없고 정해지지 않은 것도 없다.

정해지지 않음에서 정해짐으로 가는 것이 인생이라는 생각이 든다. 처음 나무가 무엇이 될지는 아무도 모른다. 나무도 사람도 그것을 몰랐을 것이다. 나무가 잘려 판재가 되어도 아직 나무의 미래는 결정되지 않았다. 하지만 이 과정은 또한 나무가 사람의 손에 쓰일 것임이 정해지는 순간이기도 하다.

판재가 된 나무가 공방에 들어온다. 이 나무는 가구가 될 것이다. 하지만 누구의 손에서 어떤 가구가 될지는 아직 결정되지 않았다. 또 한 판의 나무에서 어떤 부분은 위가 되고 어떤 부분이 다리가 될지는 아직 모른다. 하지만 또 나무의 쓰임은 조금씩 결정되고 있다.

사람의 인생도 이처럼 삶의 순간순간이 모여 하나하나를 결정하고 있는 듯하다. 나무와 사람이 다른 점이 있다면 나무에게는 없는 선택권이 사람에게는 있다는 것이다. 무수한 선택의 지점에서 결정을 내리게 하는 요인은 무엇일까? 항상 옳을 순 없어도 근삿값을 찾아가는 방법은 없을까? 휘어질 수밖에 없는 삶이지만 조금이라도 더 버티게 해줄 그 무엇은 없는 것일까?

튼튼한 가구는 서로가 서로를 부여잡아 튼튼한 구조를 이룬다. 지금의 삶이 불안한 것은 지나온 삶이 서로를 붙잡아주지 못하고 있기 때문이다. 그렇다고 절망할 이유는 없다. 조금 투박하더라도 보강재를 대주면 된다. 아니면 새로 만들어도 상관없다. 보강을 하거나 새로 만든다면 튼튼한 삶을 만들어줄 지침을 따라야 할 것이다. 그것이 고전과 철학이 아닐까 생각한다.

목공을 시작하지 않았다면 이런 생각을 하지 못했을 것이다. 중국에서 돌아와 공방에 다니기 시작했을 때, 사람들은 무척이나 의아한 표정으로 나를 바라보았다. 나는 그게 더 이상했다. 공부를 했다고 모두가 강의를 해야 하는 것은 아니지 않나? 자신이 하고 싶은 일을 하는 것이 뭐 그리 이상할까 하는 생각이 들었다. 사실 내게 지금 버겁고 부끄러운 건

'목수'라는 과분한 이름이다. 차라리 견습생이라고 했으면 마음이 편했을 것이다.

내가 목공을 시작한 이유는 무엇일까? 이유는 간단하다. 해보고 싶었기 때문이다. 해보고 싶었던 이유는 무엇일까? 어렸을 때부터 무언가 만드는 걸 좋아했기 때문일 수도 있다. 하지만 그보다 더 큰 이유는 무기력 때문이었다. 나이가 들며 무언가를 만드는 일은 점점 멀어져만 갔다. 세상엔 만들어져 있는 물건이 차고 넘친다. 내가 할 수 있는 일은 클릭, 즉 선택과 지불뿐이었다. 늘 만들어져 있는 것만을 선택하는 것이 내겐 무기력처럼 느껴졌다. 내가 혼자 짓고 무너뜨릴 수 있는 것은 생각뿐이었다. 그래서 스스로 만들어보고자 했다.

내게 목공은 잘하진 못해도 재미있는 일이다. 내 목표는 요리를 배워 1류 셰프가 되는 것이 아니라 요리를 즐기는 것이었다. 공자 역시 그런 말을 했다. "아는 사람은 좋아하는 사람만 못하고 좋아하는 사람은 즐기는 사람만 못하다." 지식이 아는 것이라면 공부는 내가 좋아했던 것이다. 그리고 목공은 지금 내가 즐기는 것이라 할 수 있다. 하지만 내게 목공은 신화적으로 또 다른 의미를 가진다.

신화는 근본에 대한 재연, 최초의 것에 대한 이야기다. 처음에 그것이 어떻게 만들어졌는지, 왜 그것에 그런 이름이 붙었는지를 신화는 설명한다. 인간이 신화를 재연하는 것은 그 시원으로 회귀하여 현실을 살아가는 힘을 얻기 때문이다. 비슷한 것은 있어도 꼭 같은 것은 없기에 내가 만든 가구는 언제나 최초다. 때문에 나는 최초의 것을 만드는 신화적 삶을 살고 있는 것이다.

세상의 모든 것은 연결되어 있다. 내 삶 역시 세상과 연결되어 있고 내 삶의 존재들은 다시 나와 세상으로 연결된다. 목공은 또 그 그물망에 놓여 있는 하나의 씨줄이고 날줄이다. 때문에 내 삶의 경험들과 지식이 목공과 연결되어 나오는 것은 당연한 일이다. 그리고 실제 나는 가구를 만들며 내 지나온 것들과 마주하게 된다.

가구를 만드는 과정은 그저 몸을 움직이는 일이 아니다. 어떤 가구를 만들지는 상상력의 영역이다. 현재의 삶을 들여다보지 않으면 내게 무엇이 필요한지를 알지 못한다. 공구를 얼마나 잘 이용하느냐는 내게 주어진 인생의 도구를 얼마나 잘 활용하느냐와 다르지 않다. 때로는 몸에 상처를 입기도 하고 또 때로는 나무에 상처를 입힌다. 상처 입고 상처 입히며 사는 것이 또 인생이지 않나. 그 속에서 깨지고 배우기를 반복하며 후회하고 반성하고 또 조금씩 나아간다.

가구를 만들기 시작했으면 완성을 해야 하듯 한 번 시작한 인생은 어디로든지 나아가야 한다. 가구를 만들고 실수를 반복하며 그것으로 또 내 삶을 반추한다. 그때 여기를 보강했으면 무너지지 않았을 것이라는 생각을 한다. 하지만 가구가 만들어지듯 나는 삶을 살고 있다.

다행스럽게도 나는 가구를 만들며 인생에 하지 못했던 일들을 하고 있다. 조금씩 나은 가구를 만드는 것이다. 조금씩 나은 가구를 만들며 삶에 적용을 해본다. 머릿속에만 남아 있던 지식이 활력을 얻는다. 그건 마치 생각의 근육을 키우는 것과 같았다. 생각이 힘이 세지니 삶도 조금씩 다르게 바라볼 수 있게 되었다.

물론 지금도 나는 참으로 한심한 인간이다. 그러나 그나마 여기까지 올 수 있었던 이유, 그나마 또 버티며 사는 이유는 고전과 철학이 조금이나마 내게 버팀목이 되어주었기 때문이다. 그것을 삶 속에서 깨우쳐준 것이 목공이다. 내게 새로운 삶을 알게 해준 '나무와 늘보' 공방 사람들에게 감사를 드린다.

2015년 4월

공방에서 임병희

차례

3막 삶의 찬란한 마감재들

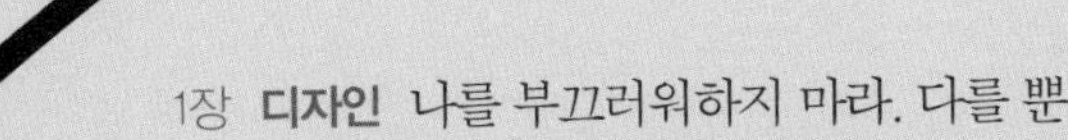

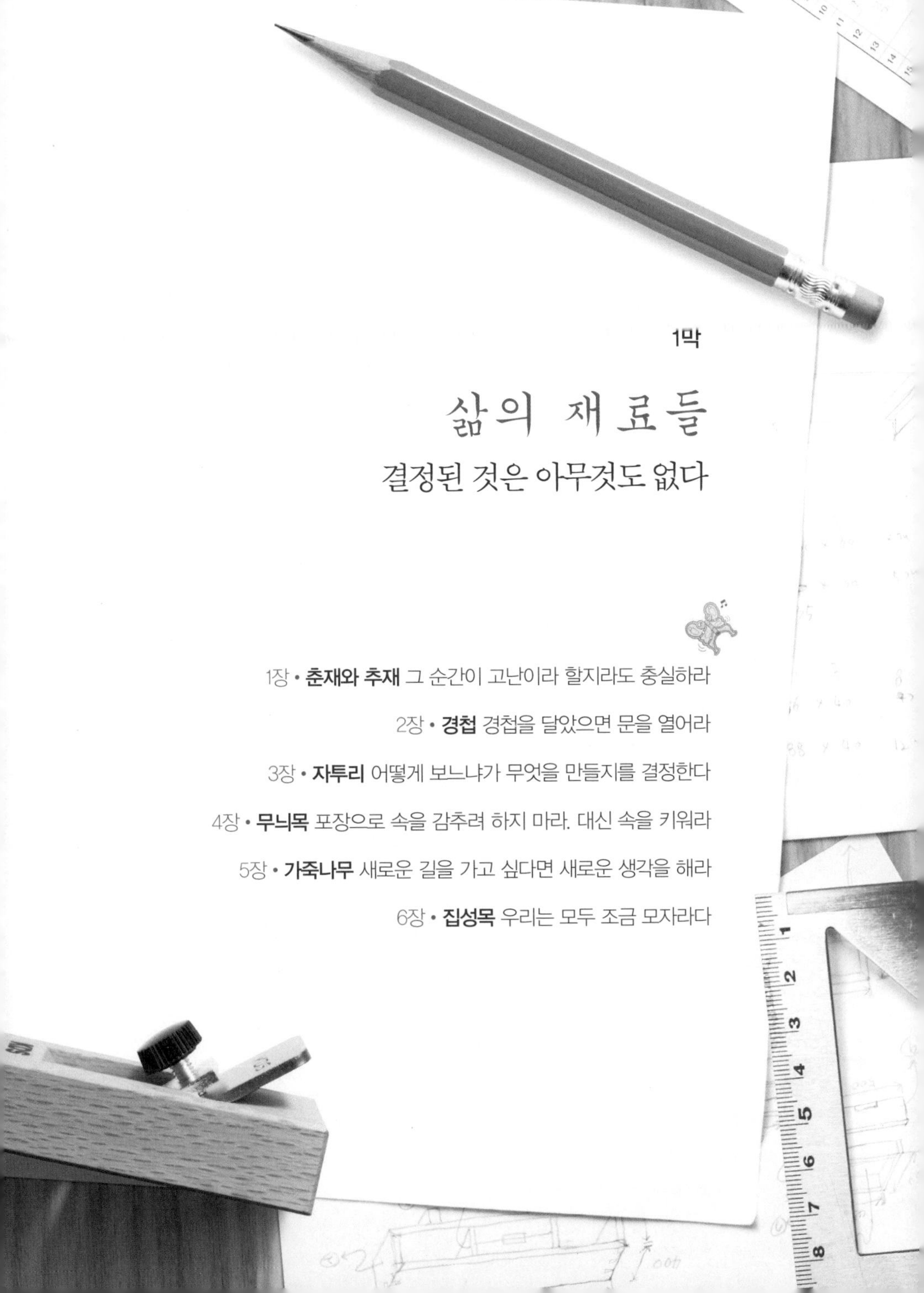

1막

삶의 재료들

결정된 것은 아무것도 없다

계절은 소리 없이 찾아온다.

늦게야 계절이 바뀜을 알고 또 지난 계절을 그리워한다.

나는 이렇듯 무심히 계절을 보내는데,

나무는 쉼 없이 준비하여 꽃을 피운다.

나무는 꽃을 피우고 열매를 맺으려

겨우내 안으로 안으로 침잠하는데,

나만이 침잠 없이 꽃을 피우려 했구나.

1장

춘재와 추재

그 순간이 고난이라 할지라도 충실하라

시를 위한 시

눈앞에 사과상자 하나가 놓여 있다. 그 안에 든 건 사과가 아니라 내 젊은 날의 기록이다. 운전면허도, 차도 없는 '뚜벅이'를 배려하여 부모님이 직접 가져다주신 것이다. 내가 중국에 가 있는 7년 동안 고이고이 간직하신 것을 나는 한참이나 방치했다.

박스에 붙은 테이프를 떼고 빛바랜 노트들을 떠들어보았다. 강의노트 사이사이에 적어놓은 시가 보였다. 달아오른 얼굴이 쉽사리 가라앉지 않았다. 부끄러운 마음에 화들짝 노트를 덮어버렸다. 그때의 기억이 떠올랐다.

대학 신입생 환영회에서 가장 많이 받는 질문이 무엇일까? 지금도 그런지 모르겠지만 그때는 너나 할 것 없이 왜 국문과를 선택했는지 물었다.

허름하고 길쭉한 방이었던 것 같다. 일렬로 길게 늘어선 상 위에는 두꺼비가 그려진 소주와 잘게 썰린 깍두기가 놓여 있었다. 채 음식이 나오기도 전에 그 짜고 작은 깍두기를 안주 삼아 몇 병의 소주를 비워냈다. 어리어리한 신입생끼리도, 중간에 끼어 앉은 선배들도 너나없이 왜 국문과를 지원했는지 물었다. 내 대답은 간단했다.

"시를 쓰고 싶어서요."

그래, 나는 내가 시를 쓰기 위해 국문과에 입학했다는 것을 잊고 살았다. 물론 이유가 없었던 것은 아니다.

시를 쓰면 모여 발표하고 이야기를 나누는 합평회를 한다. 그때는 사랑을 노래하면 나약이요, 학생운동을 이야기하면 발전이라는 생각이 강했다. 그러니 사랑타령하는 나는 귀성길 고속도로의 자동차처럼 항상 정체 상태였다. 합평회가 끝나면 2차로 학교 근처 시장의 떡볶이 집에서 소주잔을 기울이곤 했는데, 심심치 않게 푸닥거리가 벌어졌다. 자신의 시가 난도질당한 더러운 기분을 술기운으로 풀었던 것이다.

"니가 내 시를 알아?"

한쪽에서 그런 소리가 터져 나오면 일단 다른 것은 차치하고 술잔을 들고 일어나 자리를 비켰다. 그땐 피 같은 술이었으니까. 주먹을 쥐고 척척한 시장 바닥을 뒹구는 친구들을 보며 우리는 또 무심히도 술을 마셨다.

그때는 그것이 전부인 줄 알았는데, 참 오래도 잊고 살았다.

술 마시고 금자탑 같은 시를 썼다며 의기양양해 잠이 들었는데, 깨어나 살펴보면 쓰레기도 그런 쓰레기가 없었다. 그래서 심지어는 술을 마시면서 팔뚝에 "술 먹고 시 쓰지 말자"는 글을 써놓기도 했다. 그런데 다음 날 아침에 일어나 보면 팔뚝에 또 무언가가 쓰여 있었다. 참 가지가지했다.

그래, 나는 그때를 잊은 것이 부끄럽다. 그리고 그때의 시가 부끄럽고 또 그때의 시를 부끄러워하는 지금의 내가 부끄럽다. 참으로 아련하고 끈덕진 기분이다.

가슴속에 무엇인가 있어야 쓸 수 있는데, 나는 가슴속에 무언가를 만들려고 했다. 가슴이 부풀어 올라 말하고 싶고, 그것을 참을 수 없는 마음에 시를 써야 했는데, 그저 쓰고 싶다는 마음으로 시를 썼다.

툭 하니 노트를 상자에 던진 것도 모자라 이내 저쪽으로 밀쳐냈다. 그런데 또 그것을 간직하신 부모님의 마음이 아렸다. 부끄러워도 자식인 것을, 나는 과거의 자신을 외면하고 있었다.

안되겠다. 사과상자에 그대로 둘 순 없겠다. 과거의 나도 나이고 지금의 나도 나이지 않나. 근사하진 않아도 어엿한 서랍장을 하나 만들어야겠다.

단단히 빨리 자라는 나무는 없다

일이 커져버렸다. 간단한 구조의 수납장을 만들려고 했는데 기다란 연상을 만들고 말았다. 이 정도 크기와 길이면 거의 벤치다. 할 수 없다. 지금껏 그렇게 지르고 살아오지 않았나. 마지막으로 서랍을 짰다.

두께 12밀리 삼나무 아래에 홈을 파고 그 홈에 4밀리 자작합판을 끼운다. 자작합판은 서랍의 밑판이 되고 삼나무는 서랍의 네 면이 된다. 이제는 앞판을 달 차례다. 붉은빛이 도는 참나무인 레드오크를 자른다. 그런데 자른 나무를 또 한참이나 들여다보고 있다. 어디를 앞으로 해야 할지, 그것이 고민이다.

하나의 나무도 다양한 결을 가진다. 나무의 결은 사람의 지문처럼 모두 같지 않다.

사람에게는 저마다 지문이 있듯 나무에게는 자신만의 결이 있다. 18밀리 두께를 사이에 두고 나무는 서로 다른 결을 보여준다. 나무의 결은 나무가 건네는 인생 이야기다. 예전엔 한 해를 일컬을 때 '춘추春秋'라는 말을 사용했다. 봄과 가을이 한 해를 상징했던 것이다. 나무의 이야기를 듣기 위해서는 나무의 춘추를 알아야 한다.

나의 이야기가 지나간 노트에 남았듯 나는 지금 나무의 기록을 추적해보려 한다. 흔적은 변화에서 비롯된다. 변화가 없다면 아무것도 달라지지 않을 것이다. 우리가 눈치채지 못할 뿐, 시간을 지나온 것은 모두 같지 않다.

나무에게 뚜렷한 각인을 남기는 세월은 계절이다. 나이테에는 나무가 산 한 해의 흔적이 고스란히 남는다. 매해가 같지 않은 것처럼 나이테의 간격과 색깔은 각기 다르다. 그것은 계절 때문이다. 봄에서 여름까지 넉넉한 햇빛과 물, 따스한 기온 속에서 나무는 무럭무럭 몸통을 키워간다. 성장이 빠르기 때문에 이 시기에는 나이테의 간격이 넓다. 반대로 간고한 겨울 동안에는 나무의 성장이 더디고 나이테의 간격도 좁다.

봄과 여름에 자란 나무의 부분을 춘재라 하고 가을과 겨울에 자란 부분은 추재라 한다. 춘재는 빨리 자란 부분이기에 밀도가 낮고 나이테가 흐리다. 반대로 추재는 밀도가 높고 나이테의 색도 진하다. 더디 자라지만 단단하고, 빨리 자라지만 무른 것이 또 나무다. 춘재와 추재가 어울려 나무를 만들고 그 어울림이 우리가 보는 나무의 결이 된다. 이런 이야기는 노자의 《도덕경》에도 등장한다.

하늘의 도는 활을 매는 것과 같다. 높은 곳은 밀어 내리고 낮은 곳은 들어 올리며, 남는 곳은 덜어내고 부족한 곳은 보충한다. 하늘의 도는 남는 것을 덜어 부족한 것을 보충하는데 사람의 도는 그렇지 않으니 부족한 것을 덜어 남는 사람에게 바치는구나. – 《도덕경道德經》 77장

天之道, 其猶張弓與, 高者抑之, 下者擧之, 有餘者損之, 不足者補之. 天之道, 損有餘而補不足, 人之道則不然, 損不足以奉有餘.

'함께'라는 것은 서로가 서로의 모자란 부분을 채워주는 것이다. 사람과의 관계는 상호작용으로 이루어진다. 자연은 그렇게 산다. 나무가 봄과 여름에는 빨리 자라고 가을과 겨울에는 더디 자라는 것처럼 자연은 변화에 맞추어 합당한 자신의 길을 찾는다. 그것이 하늘의 도이자 자연의 순리다. 그러나 사람은 그렇지 않다. 많이 가진 자는 더 많이, 적게 가진 자는 더 적게 가진다. 그것도 모자라 다른 사람의 것을 빼앗으려 한다. 모두가 욕심이다. 욕심은 타인을 해치고 사회를 망친다. 때로는 그 욕심이 자신을 향하게 된다.

나무에 단단하면서 빨리 자라는 부분은 없다. 그것이 나무의 이치다. 하지만 빨리 자란 부분과 더디 자란 부분은 다투지 않고 서로를 보듬어 한 몸의 나무를 만든다. 마치 높은 곳이 있으면 낮은 곳이 있고, 강한 부분이 있으면 약한 부분이 있는 세상의 이치와 같다.

그런데 나는 그러지 못했다. 나는 내가 원하는 하나만을 가지고 싶어 했다. 나라는 사람은 무른 것, 단단한 것, 약한 것, 강한 것, 멈칫하는 것, 두려워하는 것, 그런 모든 것들로 이루어졌는데, 나는 어느 하나만으로 나를 채우려 했다.

또 나는 목적을 위해 과정을 만들려고 했다. 가령 이런 것이다. 가슴속에 치밀어 오르는 감성을 가지지 못했기에 그것을 억지로 만들려 했다. 일부러는 아니어도 방황하는 영혼처럼 술을 마시고 그러고 싶지 않으면서도 고독한 척 혼자 길을 걸었다.

사범대 뒤쪽 잔디밭에 앉아 또 술을 마실 때였다. 당시 나는 가끔 중간에 사라져버렸다. 이쯤 되면 멋있게 보여야 하는데 특별히 멋진 말도, 멋진 행동도 할 게 없었다. 노래라도 잘 부르면 좋으련만, 나는 아직 나보다 더한 음치를 본 일이 없다. 쌍벽을 이루는 사람을 하나 꼽으라면 친형 정도가 될 것이다. 그래서 내가 택한 방법이 한마디를 던져놓고 사라지는 것이었다.

"나는 지금 울란바토르로 떠난다."

그 말을 남기고 나는 총총히 사라졌다. 하지만 웬걸, 갈 데가 없었다. 그리고 멋지게 여겨주는 눈치도 아니었다. 그래서 또 어딘가에 쭈그리고 앉아 술을 마셨다. 매사가 이런 식이니 좋은 글이 나올 리 없었다. 게다가 이런 것들은 모두 자연스럽지가 않았다. 조그만 것을 크게 증폭시켜 어떤 척을 했기 때문이다. 그러니 단단해질 리가 없었다. 마치 추재의 단단한 부분을 얻기 위해 멀쩡한 나무를 냉동고에 가둔 꼴이었다. 그래서 나는 자주 그리고 쉽게 넘어졌다.

발끝으로 서는 자는 오래 설 수 없다

사람은 빨리 단단히 자라기를 바란다. 그것이 사람의 마음이라고 해도 나는 너무 조급했다. 그럴 수 있는 환경이 아님에도, 그럴 수 있는 조건을 스스로 갖추지 못했음에도 더 높은 곳에서 더 많은 것을 가지려 했다. 그래서 넘어졌다. 수없이 끄적거린 글들은 모두 잃어버리고 기억의 편린만이 남았다.

지금 생각해보면 먼저 마음을 세워야 했다. 시를 잘 쓰지 못하는 것이 고통일 수는 있으나 부끄러움은 아니어야 했다. 시를 쓴다는 마음을 간직해야 했다. 위선으로 감성을 포장했으니 그 마음도 오래가지 않았다. 그래, 나는 기초를 세우지 않고 도면도 그리지 않고 거창한 가구를 만들려 했구나. 그러니 또 노자의 구절이 떠오른다.

> 발끝으로 서는 자는 오래 설 수 없고, 황새처럼 가랑이를 벌리고 걷는 자는 오래 걸을 수 없다. 스스로 나타내는 자는 나타나지 않고, 스스로 옳다고 하는 자는 드러나지 않는다. 스스로 자랑하는 자는 공이 없고 스스로 칭찬하는 자는 오래가지 못한다. – 《도덕경》 24장
>
> 企者不立, 跨者不行, 自見者不明, 自是者不彰, 自伐者無功, 自矜者不長.
>
> 준비하지 않으면 이룰 수 없고 생각하지 않으면 깊어질 수 없으며 체력을 키우지 않으면 오래갈 수 없다. 조금 더 높아 보이기 위해 발끝으로 선 까치발은 금방 가라앉는다. 자신의 페이스를 넘어 욕심을 부리면 잠시 동안은 빨라

보일지 몰라도 점차 속도와 밀도가 떨어지고 말 것이다. 빨리 단단히 자라기 바라지만 결과는 반대다. 늦고 무르게 성장하여 급기야는 스스로 무너지는 결과를 낳는다.

가구는 들인 시간과 공만큼 만들어진다. 그냥 보아서는 알 수 없지만 가만히 구석구석을 살펴보면 눈에 잘 띄지 않을 뿐 어딘가에는 흠이 있다. 만든 사람만 알 수 있는 그 흠을 부끄러워하지 않으면 똑같은 실수를 반복하게 된다. 그런 면에서 나는 허술하기 짝이 없다.

나는 성격이 급하고 덜렁댄다. 그렇지 않은 척해보지만 그런 포장도 허술하여 금방 탄로가 나고 만다. 그러니 조그만 실수를 보고도 지나치기 일쑤다. 심지어 공방 친구들은 나에게 '선先 제작, 후後 도면'이라는 엄청난 칭호를 붙여주었다. 그렇다고 도면을 아예 그리지 않는 것은 아니다. 대강 그릴 뿐이다. 그러니 만들어가면서 치수를 재고 나무를 자르게 된다. 제대로 된 가구가 나올 리 없다. 물론 제대로 된 글을 쓰지 못하는 이유도 여기에 있다.

결국 나는 우유를 팔러 가는 시골 처녀 같았다. '우유를 팔아서 달걀을 사고, 달걀에서 병아리가 나오면 예쁜 옷을 사야지. 그 옷을 입고 축제에 가면 남자들이 달려들 거야. 그때는 싫다고 몸을 흔들어야지…' 하다가 우유를 쏟은 처녀 말이다. 내가 집중한 것은 그 과정이 아니라 과정을 건너뛴 결과였다.

실은 멋진 글을 써서 사람들을 놀래려는 바람만 가졌지 그 과정의 고

저절로 이루어지는 일은 없다.

통은 겪고 싶지는 않았던 거다. 그래서인지 내게는 끝맺지 못한 글이 많다. 메뚜기처럼 글과 글 사이를 옮겨 다니며 포기와 시도를 반복했다. 하지만 나무는 다르다.

그만큼이 되어야 이루어지는 것, 그것이 자연의 이치다. 겨울이 가면 봄이 오고 꽃이 핀다. 나무는 여름에 자라 가을에 열매를 맺는다. 몸을 움츠리며 추위에 떨어도 겨울은 영원하지 않고 기어코 봄이 온다. 나무는 자라야 할 시기와 단단해져야 할 시기를 안다. 절대와 영원은 없다. 괴로움에도 끝이 있고 고난은 행복을 준비한다. 추재가 간고한 겨울을 단단하게 이기면 춘재는 무럭무럭 자라난다.

문제는 지금 이 순간이 영원과 끝이라는 생각이었다. 탁자의 다리를 둥글게 깎고 싶어 나무를 길게 자르고 대패질을 한 적이 있다. 언제 이 굵은 나무를 깎아 둥글게 만들까 걱정했다. 송골송골 땀이 맺혀도 한참을 더 깎아야 했다. 그러나 대패질을 하지 않으면, 이마에 땀이 맺히지 않으면 둥근 다리는 만들어지지 않는다. 그 과정은 힘들었다. 하지만 그 과정이 있기에 또 다른 과정을 이겨낼 수 있었다.

내게 세월의 경험이 있는 것처럼 우리 모두는 경험이라는 것을 가지고 있다. 지금 지나간 노트를 보고 충격을 받았으니 지금 이후는 또 달라지지 않겠나.

사실 좀 더 빨리 알았으면 좋았을 《맹자》의 구절이 있다. 물론 꼭 그렇게 살 필요는 없겠다. 하지만 과정 없이 이루어지는 일은 없고, 고난은 끝이 아님을 맹자는 분명히 이야기한다.

순임금은 밭 가운데서 등용되었고 부열은 성벽을 쌓다 등용되었으며, 교력은 생선과 소금을 팔다 등용되었고 관중은 감옥에서 등용되었으며, 손숙오는 바닷가에서 등용되었고 백리해는 시장바닥에서 등용되었다. 그러므로 하늘에서 그러한 사람들에게 큰일을 맡기는 명을 내리려면 반드시 먼저 그들의 심지를 괴롭히고 그들의 근육을 수고롭게 하고 그들의 육체를 굶주리게 하고 그들 자신에게 아무것도 없게 해서 그들이 하는 것이 그들이 해야 할 일과는 어긋나게 만드는데, 그것은 마음을 움직이고 자신의 성질을 참아서 그들이 해내지 못하던 일을 더 많이 할 수 있게 해주기 위해서다. -《맹자孟子》〈고자장구告子章句〉下

舜發於畎畝之中, 傅說擧於版築之間, 膠鬲擧於魚鹽之中, 管夷吾擧於士, 孫叔敖擧於海, 百里奚 擧於市. 故天將降大任於是人也, 必先苦其心志, 勞其筋骨, 餓其體膚, 空乏其身, 行拂亂其所爲, 所以動心忍性, 曾益其所不能.

성군이라 일컬어지는 순임금은 밭을 갈았고, 상나라의 현명한 재상 부열은 담장을 쌓는 노예였으며, 어지러운 세상을 피해 소금과 생선을 팔던 교력은 주나라 문왕에게 등용되었다. 관중과 손숙오, 그리고 백리해도 감옥과 바닷가와 시장에서 등용되어 나라를 바로잡고 백성을 어질게 하는 현명한 신하가 되었다. 그들은 고난 속에서 자신을 단단히 키웠다. 고난에 잡아먹힌 것이 아니라 겨울나무가 그러했던 것처럼 속에서 새순을 키우며 피울 시기를 기다렸다. 심지가 괴롭고 근육이 수고롭고 배를 주리는 일이 그들을 꺾을 수는 없었다. 그들은 고통을 더 큰 일을 할 수 있는 기회로 삼았다. 그리고 봄이 왔을 때, 무럭무럭 자라는 나무처럼 자신의 뜻을 펼쳐냈다.

자, 이제 조금 알겠다. 수고롭지 않고 얻을 수 있는 열매는 없다. 어려움이 있으면 쉬움이 있고 가시밭길을 지나면 평탄한 길을 만나게 된다. 그렇게 우리 앞의 일들은 변하고 그 변화를 겪으며 우리는 한 계단, 한 계단을 오른다. 분명 끝이 있고 그 끝에는 새로운 시작이 있다. 잠시 잘된다고 교만하거나 또 잠시 못된다고 실망할 필요 없다. 그때 먹은 그 마음이 앞으로의 일을 다시 결정할 것이기 때문이다.

물이 극에 이르면 다시 돌아간다

양치기 소년이었던 다윗은 돌팔매로 거인 골리앗을 무너뜨리며 화려하게 역사에 등장한다. 그리고 이스라엘의 두 번째 왕이 된다. 다윗은 전쟁에서 돌아와 돌연 반지세공사를 찾았다. 그리고 반지를 만들어 한 구절을 새기도록 했다. 새겨야 할 말에는 조건이 있었다. 자신이 가장 영광스러울 때 교만에 빠지지 않으며 가장 어려울 때 절망하지 않도록 할 구절이어야 했다. 세공사는 그날부터 끙끙 앓기 시작했다. 세공사의 고민을 해결해준 이는 다윗의 아들 솔로몬이었다.

"이 또한 지나가리라."

절망도 영광도 영원하지 않다. 모든 것은 지나간다. 《주역》에 '물극필반物極必反'이라는 말이 있다. 사물이 궁극에 다다르면 다시 그전 상태로 돌아간다는 말이다.

《주역》은 세상의 이치를 밝혀준다. 그 이치의 중심은 변화다. 계절은 변하고 사람은 늙는다. 모든 것은 변화를 피할 수 없다. 그 변화는 영원히 그치지 않는 항구불이恒久不已한 것이다.

변화는 당연한 것이다. 중요한 것은 그 변화 속에서 자신을 어떻게 만들어나가느냐 하는 것이다. 자랄 시기에는, 자라고 단단해질 때는 몸을 움츠리더라도 단단해져야 한다. 그것이 거스름 없는 순리이자 자연의 본

성일 것이다. 변화에 대처하는 모습이 곧 자신의 모습이다. 변화에 우물쭈물하지 말자. 우물쭈물하면 단단해져야 할 때 단단해지지 못한다. 자라야 할 때 크지 못한다. 나는 또다시 다짐해본다.

"이제 피하지 않겠어."

합평회에서 내 시가 찢어졌을 때, 나는 내 이야기를 해야 했다. 그런데 나는 숨었다. 나중에야 고쳤지만 예전 나는 너무 소심했다.

자장면을 먹는 데 단무지가 모자랐다. 그런데 더 달라는 말을 못해 맨 자장면을 먹었다. 더 어렸을 때는 장난감을 사고 거스름돈 달라는 말을 못했다. 심지어 모르는 동네에서 길을 물어보지 못해 같은 곳을 뱅뱅 돌기만 한 기억도 있다. 물론 지금은 그렇지 않다. 스스로가 너무 바보 같음을 깨달았기 때문이다.

나는 조금씩 변했고 또 앞으로도 변할 것이다. 사랑에 취한 적이 있고 상처에 배부른 적도 있다. 지금까지는 그 사랑과 상처에 휘청이기만 했다. 이제는 상처를 거름 삼는 법을 배워보려 한다. 나무가 겨울에 단단해지고 그 단단한 껍질 밖으로 또 여린 새순을 내는 것처럼 말이다.

나는 다시 시를 써보기로 했다. 그런데 자꾸만 아까 보았던 옛날의 글이 마음에 걸린다.

"잠이 들기 전까지 나는 그렇게 술을 마신다.

그리고 다음 날 술병을 버리듯 글을 지운다."

이제는 모든 마음을 간직해야 할 것 같다. 내 방을 가득 메운 가구들에 내 목공의 역사가 담겨 있는 것처럼 내 마음들에는 내가 살아온 삶이 단층처럼 겹쳐 있다.

마음을 담을 가구를 만들어야겠다.

내 젊은 날의 기록들을 보관하기 위해 만든 수납장

문 앞까지 와서도 두드리지 못했다.

두드리고도 열지 못했다.

열고 들어갔으면 닫아야 했는데,

도망갈 곳을 만든다며 닫지 않고 열어두었다.

열어야 할 때 열지 못하고,

닫아야 할 때 닫지 못하니 늘 어중간하기만 했다.

쓰지 않는 문의 경첩은 소용이 없다.

빗장이 풀리지 않으면 아무 곳에도 갈 수 없다.

2장

경첩

경첩을 달았으면 문을 열어라

마기집, 부귀집

생각보다 시간이 많이 지났다. 에어 컴프레서의 바람으로 옷에 묻은 톱밥을 떼어낸다. 쉭 하는 소리와 함께 톱밥과 먼지가 흩날린다. 속에 입은 옷이 축축한 걸 보니 꽤나 고생했음이 틀림없다. 이것이 모두 다 경첩 때문이다. 일단 달아놓았다는 데 위안을 삼으며 지하철을 탄다. 참 오랜만에 오는 학교다. 내친 김에 인문대 앞까지 간다. 강의를 끝내고 나오는 친구에게 어디로 갈지를 묻는다.

"어디로 갈까?"

희한한 듯 나를 바라보며 반문한다.

"너는 몰라? 같이 학교 다녀놓고선."

그렇다. 이 친구와 나는 대학 시절 내내 근처 술집을 전전했다. 갑자기 옛날에 갔던 술집들이 떠오른다.

"마기집이나 부귀집은 아직도 있나?"

돌아오는 대답이 스산하다.

"없어진 지 오래네, 이 사람아."

수많은 학교 앞 술집 중에서도 역시 잊을 수 없는 집은 있게 마련이다. 강원도 아주머니가 주인이었던 시장통 떡볶이 집이 그렇고 과 회식을 소화할 수 있을 만큼 긴 방이 있었던 진사로나 봉봉 같은 술집이 그렇다. 하지만 내 기억 속에 우리가 줄곧 다녔던 집은 역시 마기집 아니면 부귀집이었다.

마기집과 부귀집은 마주 보고 서 있었다. 들려오는 전설에 의하면 주인 아주머니 모습이 마귀할멈과 비슷해서 마기집이 되었다고 한다. 믿거나 말거나. 부귀집은 순대국, 닭계장이 일품이었다. 뚝배기에 국을 담으면 스테인리스 수저에 하얀 조미료를 한가득 담아 넣어주었는데, 그 맛을 벗어날 수 없었다. 그렇게 우리는 마기집과 부귀집을 돌며 술을 마셨다.

하지만 이 친구와 결정적인 인연을 맺게 된 곳은 술집이 아니었다. 휴가를 나왔을 때였다. 가난한 군인 아저씨였던 나는 술이나 한 잔 얻어 마실 생각에 학교로 향했다. 이미 어둑해졌지만 학회실에는 사람들이 그득하리라 믿었다. 그런데 웬걸. 학회실은 텅 비어 있었다. 허탈함에 몸부림을 치려는 찰나 또 다른 군인 아저씨가 등장했다. 바로 이 친구였다.

비극은 두 군인 아저씨에게 돈이 없다는 데서 시작되었다. 둘이 돈을

탈탈 털어보니 10,000원이 조금 넘었다. 술집에 갈 수는 없고, 인문대 2층 베란다에서 술을 마시기로 했다. 다음은 누가 술을 사오느냐, 이것이 문제였다. 인문대는 악명 높은 138계단 위에 있었다. 가장 공정하다는 가위 바위 보 끝에 내가 술과 안주를 사가지고 왔다.

그 전까지 우리는 서먹한 사이였다. 과에서 잘 어울리지 못하는 나와 달리 이 친구는 누구와도 잘 어울려 인기 만점이었다. 하지만 그날 그곳엔 우리 둘뿐이었다. 다른 누가 끼어들 틈 없이 한 사람과 한 사람이 만나는 자리였다.

어색함도 잠시 우리는 스스럼없이 이야기를 털어놓기 시작했다. 이전엔 해보지 않았던 이야기들, 좀처럼 꺼내지 않았던 속마음이 흘러나왔다. 그 실마리는 가죽점퍼였던 것 같다. 그 친구는 평소 내가 꿈에도 그리던 가죽점퍼를 입고 다녔다. 그래서 나는 그 친구가 부잣집 아들내미인 줄 알았다. 그 친구는 내가 과 행사에 잘 참석하지 않기에 개인주의 오렌지인 줄 알았단다. 그런데 우리는 모두 가난했고 고민하고 있었고 주체할 수 없는 청춘의 충동을 겪고 있었다.

제대를 하고 다시 만난 우리는 세상에 둘도 없는 친구가 되었다. 1년에 300일은 같이 술을 마셨던 것 같다. 그러면서 서먹했던 친구들과도 함께 어울려 폐인이 되어갔다. 그때 우리는 참 많은 이야기를 나누었다. 스스럼이 없었고 거침도 없었으며 주저하지도 않았다. 그것은 우리가 벽이 없는 친구였기 때문일 것이다.

그러나 나이가 들면 벽을 쌓게 된다. 살아가는 공간이 달라지고 관심이 달라지고 생각이 달라지기 때문이다. 가끔씩 옛 친구들을 만나면 그런 벽을 느낄 때가 있다. 내가 전혀 모르는 주식 이야기를 하거나 아이들 커가는 이야기에 시간 가는 줄 몰라 하면 예전과 달리 벽을 느낀다. 하지만 다행인 것은 우리에게 아직 문이 열려 있다는 점이다. 역시 모든 벽에는 문이 있다.

경첩이 없으면 문도 없다

친구를 만난 다음 날 다시 공방에 나갔다. 급하게 달아놓은 경첩이 영 마음에 들지 않았다. 너덜거리지만 않을 뿐 간격이 맞지 않아 엉망이었다. '그냥 두고 써. 뭐 어때?' 하는 악마의 속삭임이 들렸다.

덜렁이 악마의 꾐에 또다시 넘어갈 순 없었다. 개인적으로 아주 커다란 결정을 내렸다. 경첩을 다시 달기로 결정했다. 그것도 경첩이 붙는 부분을 파내고 부착하기로 했다. 경첩이 들어갈 자리에 표시를 하고 끌로 나무를 파냈다. 문에 먼저 경첩을 부착하고 다시 가구의 몸통에 경첩을 박았다. 열었다 닫았다 반복하며 혼자 만족의 미소를 지었다.

경첩은 가구의 관절이다. 내가 팔을 들고 손가락을 움직여 무언가를 집을 수 있는 것은 모두 관절 덕분이다. 두 개의 날개를 가진 경첩은 흡사 나비와 같다. 나비가 두 날개로 하늘을 부유하듯 경첩은 두 날개를 움직여 문이 열리고 닫히게 한다. 그래서 대부분의 경첩은 나비경첩이라

불린다.

그런데 움직이는 것은 경첩일까, 문일까? 문이 없는 경첩도, 경첩이 없는 문도 모두 미완성일 뿐이다. 그렇다. 팔과 다리와 어깨와 목이 관절 덕분에 움직이는 것처럼 경첩과 문은 한 몸이다. 경첩이 곧 문인 것이다.

공자가 말했다. "누가 문을 경유하지 않고 밖으로 나갈 수 있겠는가? 그런데 어찌하여 이 도道로 말미암지 않는 것인가?" –《논어論語》〈옹야雍也〉

子曰 : "誰能出不由户? 何莫由斯道也?"

문은 시작이고 끝이다. 문을 통하지 않으면 시작도 끝도 없다. 문은 통로라는 변하지 않는 하나의 기능을 가지고 있다. 들어가든 나오든 문을 통해야 한다. 공자는 누구나 문을 통하는 것처럼 사람 역시 도로 말미암아야 한다고 말한다. 도로 말미암지 않으면 들어갈 수도 나갈 수도 없는 것이다. 모든 것이 문을 통하듯 사람이 예를 지키고 도리를 다하는 것은 당연하다고 공자는 말한다. 문은 우리에게 많은 이치를 알려준다.

나뿐만 아니라 이 세상 대부분의 사람들은 도로써 문을 열고 나가지 못할 것이다. 하지만 변하지 않는 사실이 있다. 무엇으로 말미암든 밖으로 나가고 안으로 들어오기 위해서는 문을 열어야 한다는 것이다.

나는 그저 내 앞에 놓인 문이라도 열고 싶은 심정일 뿐이다. 그나마 다행인 것은 내가 문을 열기 위해 노력은 하고 산 것 같다는 점이다. 나는 하고 싶은 일을 하며 살기 위해 무던히도 애를 썼다. 그리고 그 와중에 절망보다는 희망을 부여잡았다. 고시원을 전전할 때도 그랬고 그곳을 나와 겨우 원룸을 하나 구해 살 때도 그랬다. 중국으로 훌쩍 떠난 일도 그와 비슷할 것이다. 다시 생각해보니 어쩌면 또 그 반대일지도 모른다. 지금껏 내 삶은 하고 싶지 않은 일을 최소화하는 삶이었다. 나는 열고 또 닫으며 살아왔던 것이다. 지금 돌아보면 그간 어떻게 지냈나 싶지만 죽을 정도로 힘들지는 않았던 것 같다.

복잡하고 머리 아프고 괴롭지만 사람 사는 이치는 참 간단한 곳에 있다는 생각이 든다. 마치 문과 경첩과의 관계 같다. 문을 만들어도 경첩을 달지 않으면 열 수 없고, 경첩을 달아도 문을 열지 않으면 그건 벽이나 마찬가지다.

현자를 만나고자 하면서도 도로써 하지 않는다면 이것은 마치 그 사람이 들어오기를 바라면서도 문을 닫아버리는 것과 같은 것이다. 대저 의義는 길이요, 예禮는 문이다. 오직 군자만이 이 길을 따라갈 수 있고, 이 문을 통하여 드나들 수 있다. -《맹자》〈만장장구萬章章句〉下

欲見賢人而不以其道, 猶欲其入而閉之門也. 夫義路也. 禮門也, 惟君子, 能由是路, 出入是門也.

현명한 사람을 만나기 위해서는 문을 열어야 한다. 사람을 이해하고 싶다면 마음의 문을 열어야 한다. 더 많은 생각을 하기 위해서는 생각의 문을 열어야 한다. 문을 닫으면 아무것도 만날 수 없다. 어디로도 갈 수 없다. 우리가 문을 걸어 닫고 사는 것은 아닌지 생각해본다. 자물쇠를 채우고 경첩에 좀이 나도록 방치하고 있는 것은 아닌지 생각해본다.

가장 무서운 빗장은 내 안에 있다.

문을 열어야 나갈 수 있다. 문을 닫으면 들어올 수 없다. 하지만 사람들은 문을 닫고 사람들이 들어오기를 기다린다. 맹자는 공자의 이야기를 구체화시킨다.

사람을 만나는 데도 방법이 있다. 맹자는 의는 길이요, 예는 문이라 했다. 이건 공자가 이야기한 도로 말미암는다는 것의 또 다른 표현일 것이다. 사람의 가는 길은 옳아야 하고 그 문을 열고 사람을 만나는 데는 예를 다해야 한다. 하지만 이 역시 어렵다.

내가 의의 길을 걷고 예의 문을 갖추었다고 할 수 있을까? 내 지나간 인생은 그렇지 않음을 증명한다. 그래도 애쓰며 살았다. 시작은 문을 여는 것이다. 열지 않으면 무엇을 만날 수도 없고 어떤 것을 얻을 수도 없다. 그래서 문을 열어야 한다. 그런데 그다음은 무엇일까?

도의 지도리

세상에 한 번으로 끝나는 일은 없다. 아주 미세하지만 우리는 어제와 다른 오늘을 살고 있다. 그리고 내일은 또 다를 것이다. 어제 문을 열었다고 이제 끝일까? 아니다. 문은 반복이다. 한참을 닫아둔 문은 삐걱거리기만 할 뿐 좀처럼 열리지 않는다. 경첩에 녹이 슬기 때문이다.

흐르는 물은 썩지 않고, 문의 경첩은 좀먹지 않는다. –《여씨춘추呂氏春秋》
流水不腐, 户樞不蠹.

고인 물은 썩게 마련이다. 하지만 흐르는 물은 그 움직임으로 인해 맑음을 유지한다. 경첩이 좀먹지 않는 것은 항상 움직이기 때문이다. 움직인다는 것은 정체되어 있지 않음이다. 경첩이 움직이는 반경은 짧다. 아무리 커다란 문일지라도 경첩의 크기는 한정되고 경첩은 그 크기가 허락한 공간만을 움직인다. 그러나 반경이 짧다고 그 의미까지 좁아지는 것은 아니다.

문을 열지 않고서는 어디로도 갈 수 없다. 그 시작이 경첩이다. 경첩이 끊임없이 움직이며 운동성을 주는 것처럼 문을 연다는 하나의 행위는 더 큰 세계로 나아가는 계기가 된다. 열어야 할 것은 눈앞의 문만이 아니다. 생각의 문도 열어야 한다. 경첩이 움직여 좀먹지 않는 것처럼 생각도 움직여야 한다. 움직이지 않으면 몸이 굳듯 생각도 굳기 때문이다.

그런데 경첩의 의미가 문을 열고 닫는 운동성에만 한정될까? 경첩은 고정되어야 한다. 경첩의 한쪽 날개는 문짝에, 그리고 다른 한쪽 날개는 문틀에 붙어 떨어지지 않는다. 고정되어 있지만 움직이고, 움직이지만 고정된 경첩은 아이러니한 존재다. 인생도 그렇지 않나.

신화적으로 경첩은 매개항이다. 레비스트로스는 모순적인 요소를 동시에 포함한 존재가 신화에서 의미를 갖는다 했다. 모순되고 대칭된 두 세계를 중재할 수 있는 존재는 서로 다른 두 세계의 속성을 동시에 가져야 한다. 그리스신화에서 주인공이 되는 영웅은 신의 피와 인간의 피를 동시에 가지고 태어난다. 신의 속성과 인간의 속성을 지닌 페르세우스는 메두사의 목을 베고, 테세우스나 헤라클레스도 반신반인의 영웅이다.

세상일은 하나의 속성만으로는 해결되지 않는다. 나를 알고 상대를 이해해야 대화할 수 있는 것처럼 어느 한쪽에 치우치지 않는 마음을 가질 때 세상 살아가는 지혜를 얻게 된다. 서로 상반된 것들을 하나로 모아야 전과 다른 세상을 만날 수 있다. 정正이 있으면 반反이 있다. 정과 반은 모여 합合을 이룬다. 그 합은 정만의 세계도 반만의 세계도 아닌 또 다른 세계다.

경첩은 열림과 닫힘이라는 모순된 속성을 지닌다. 경첩은 서로 반대되는 두 가지 속성을 품고 있다. 그 두 가지 속성을 내재하기에 경첩은 또 다른 의미를 갖는다. 장자는 경첩을 통해 도를 이야기한다. 그리고 그것을 도의 지도리, 즉 '도추道樞'라 말한다.

이것이 곧 저것이요, 저것이 곧 이것이다. 저것에도 하나의 시是와 비非가 있고 이것에도 하나의 시와 비가 있다. 그렇다면 과연 저것과 이것은 있는 것인가, 없는 것인가? 저것과 이것을 갈라놓을 수 없는 것을 도추라 한다. 문짝의 지도리는 고리 속에 끼워져야 무궁에 응할 수 있다. 시 또한 하나의 무궁이요, 비 또한 하나의 무궁이다. 그러므로 밝음에 비추어 보는 것만 같지 못하다는 것이다. –《장자莊者》〈제물론齊物論〉

是亦彼也, 彼亦是也. 彼亦一是非, 此亦一是非. 果且有彼是乎哉? 果且无彼是乎哉? 彼是莫得其偶, 謂之道樞. 樞始得其環中, 以應无窮. 是亦一无窮, 非亦一无窮也. 故曰莫若以明.

경첩에는 이것과 저것이 함께한다. 경첩의 양 날개는 이것을 만들고 저것을 만든다. 그것은 경첩이 지도리라는 축을 중심으로 열리고 닫히기를 반복하기 때문이다. 문을 열어야 하는 사람에게 문은 열리는 것이 옳다. 하지만 닫아야 하는 사람에게는 닫히는 것이 옳다. 열리는 것과 닫히는 것, 그 무엇 하나도 옳고 그름으로 시비를 가릴 수 없다. 그리고 그 둘은 갈라질 수 없다. 언제나 함께한다. 열고 닫음은 끊임없이 반복되고 그 반복은 또 무한한 가능성을 만든다. 장자는 지도리를 통해 도의 지도리는 옳고 그름, 참과 거짓의 대립을 초월한 경지임을 이야기한다.

경첩은 문의 중심이다. 경첩이 중심을 잡고 있기에 문은 열리고 닫히기를 반복한다. 내 안에 존재하는 서로 다른 속성이 균형을 잃을 때마다 나는 무너졌다. 감성이 강해졌을 때는 마음이 요동쳤고 이성이 지배했을 때는 내가 너무 차가웠다. 갈라질 수 없는 그 둘을 중재하지 못하고 한쪽에 치우치면 온전히 설 수 없게 된다.

그래서 경첩을 다는 일이 어려운가 보다. 위와 아래의 간격을 맞추면 좌우가 틀어지고 좌우를 맞추면 위아래가 맞지 않는다. 사방의 간격을 맞추기는 쉽지 않지만 제대로 달아놓은 경첩은 사람의 마음을 기쁘게 한다.

나는 경첩을 보며 느낀다. 문만이 아니라 문을 움직이는 경첩을 알아야 함을, 경첩을 달았으면 문을 열어야 함을, 그리고 경첩에 좀이 슬지 않도록 끊임없이 문을 열어야 함을, 마지막으로 경첩이 문의 중심이 되는 것처럼 마음의 중심을 잡아야 함을, 다시 한 번 느낀다.

가구를 만들 때 경첩 다는 일은 피하고 싶지만 해야 할 일이다. 처음 경첩을 달 때보다, 두 번째는 조금 더 쉬웠다. 세 번째 달 때는 또 다른 요령이 생겼다. 경첩을 다는 일에도 길이 생긴 모양이다.

무슨 일이든 처음이 어렵다. 그러나 처음으로 일은 끝나지 않는다. 처음 시작했다 해도 방치하고 그저 내버려두면 어렵게 시작한 처음도 아무것도 아닌 것이 되어버린다. 가구를 만드는 일, 경첩을 다는 일이 그렇다. 하물며 인생은 또 어떻겠나.

무엇이냐가 아니라 어떻게 쓰느냐가 중요하다.

남겨진 물건.

남겨진 시간은 지금도 흐르고 있다.

버려두면 버려질 것이고.

생명을 부여하면 생명을 가질 것이다.

그 모든 것을 결정하는 것은 나 자신이다.

3장

자투리

어떻게 보느냐가 무엇을 만들지를 결정한다

다시 살고 싶다

무언가에 이름을 붙인다는 것은 어렵기도 하고 쉽기도 하다. 나는 조그만 나뭇조각을 들고 고민중이다. 너비는 손바닥만 하고 길이는 한 뼘만 한데, 이 나무로 무엇을 만들어야 할지 딱히 떠오르는 것이 없다. 고민중에 전화가 온다.

"어이. 우리 동기 모임 해야지."

"해야지. 정해서 연락주오. 나는 뭐 다 괜찮네그려."

뭐, 나는 언제라도 상관없다. 자율형 백수 아니던가. 그런데 갑작스레 동기 모임이라니 생소하다. 올 사람은 뻔하다. 그러고 보니 우리 동기 모임의 이름은 참 쉽게도 지었다. 친구들과 횟집에서 술을 마시다가 우리도 동기 모임을 하나 갖자고 했다. 말 나온 참에 이름도 지어보자고 했다. 시인 친구가 있었기에 우리는 모두 멋진 이름을 기대했다. 그런데 상추쌈을 싸던 시인이 이렇게 말했다.

"야, 그냥 광어회라고 해."

그렇게 우리는 광어회가 되었다. 무슨 '회'라고 하니 생각나는 모임이 하나 있다. 군대를 제대하고도 우리는 정신 못 차린 복학생으로 유명했다. 물론 오래지 않아 F학점 열네 개를 때우고 열심히 공부하기 시작하여 지금은 어엿한 선생님이 되었고 번듯한 직장에도 다니지만 그때는 정말 그날이 그날 같았다.

그러다 어느 순간 가만히 생각해보니 군대까지 갔다 와서 그러기가 민망했다. 우리가 이렇게 삶을 버리는 것처럼 살 수는 없지 않나 하는 문제의식이 대두된 것이었다. 그리하여 큰 결심을 하게 되었다. 함께 모여 새로운 삶을 살아보기로 한 것이었다. 그래서 결성한 모임이 바로 이름하여 '갱생회更生會'였다.

갱생이라 함은 사전적으로 마음이나 생활 태도를 바로잡아 본디의 옳은 생활로 되돌아가거나 발전된 생활로 나아감을 의미한다. 우리도 그런 마음이었다. 얼마 살지는 않았지만 인생의 대부분을 술 먹고 술 깨는 데 쓸 수 없다는 것에 동의했다. 그리고 우리는 또 각자의 닉네임을 정했다.

'광어회'를 제안했던 친구는 자신의 닉네임을 '파푸아뉴기니의 깨어 있는 개'라고 했다. 한 친구는 '견유학파'를 선택했다. 견유학파는 그리스철학의 한 유파이지만 자연에 가까운 청빈한 생활을 강조했고 때로는 걸식을 하기도 했기에 개와 같은 생활을 한다고 해서 그렇게 불렸다. 나는 개 같은 시를 쓴다는 의미로 뭐라 이름 지었던 것 같은데, 기억이 가물가물하다. 어쨌든 우리 갱생회는 모두 개와 연관된 닉네임을 가졌다. 그러니 뭐가 잘될 리 없었다. 우리는 매일 모여 새로운 삶을 논의한다는 미명 아래 술을 마셨고, 닉네임처럼 개가 되었다.

결과적으로 갱생회는 실패했다. 그런데 지금 친구들 사는 것을 보면 그리 실패한 것도 아닌 듯하다. 우리가 그런 생각을 하게 된 것은 정신 못 차린 선배들을 바라보는 따가운 시선 때문만이 아니었다. 분명히 우리에겐 그 자신에게서 솟구쳐 나온 생의 의지가 있었다.

나는 다시 나뭇조각을 바라본다. 옛날 다시 살고 싶다는 의지를 가졌던 것처럼 지금 나는 방치된 이 나뭇조각으로 무언가를 만들고 싶다. 자, 그럼 이제 나뭇조각의 갱생을 시작해보자.

무엇이 아니라 어떻게

나는 몬드리안의 그림을 좋아한다. 그림에 조예가 있기 때문은 절대 아니다. 몬드리안의 그림이 단순하고 선명하고 강렬하기 때문이다. 좀 더 깊은 이유를 들어본다면, 몬드리안이 대상의 본질을 그리려 했기 때문이다. 게다가 나이 들수록 빨간색을 좋아하게 된 취향의 변화도 한몫한 듯하다. 그래서 한번은 나무로 액자를 만들고 그 안을 분할하여 몬드리안의 그림을 만들었다.

그런데 몬드리안의 그림을 보면 우리의 전통 조각보가 떠오른다. 조각보는 색색의 천 조각들을 이어 붙여 만든다. 조각보를 이루는 천 조각들은 하마터면 버려졌을지도 모르는 자투리들이다. 자투리에 정성스러운 바느질이 더해지면 몬드리안 부럽지 않은 작품이 된다.

때로는 그것이 무엇이냐, 하는 것보다 그것을 어떻게 쓰느냐, 하는 것이 중요한 문제임을 깨닫는다. 사실 나는 함부로 살았다. 아직도 인생의 가치를 깨닫지 못하고 있지만 예전 내 삶은 '이런들 어떠하리 저런들 어떠하리'에 가까웠다. 그래도 갱생회를 만든 걸 보면 크게 내색하진 않았지만 자신에 대한 사랑은 있었던 것 같다.

애정 어린 바느질이 작은 천 조각을 조각보로 만들 듯 자투리 나무들도 훌륭한 무언가로 탄생할 수 있을 것이다. 공방의 한쪽 선반을 보니 작은 나무들이 빼곡히 꽂혀 있다. 손바닥만 한 나무, 주먹만 한 나무, 팔뚝만 한 나무, 스케치북만 한 나무들이 쌓여 있다. 종류도 스프러스, 홍송, 애시, 오크 등 가지각색이다. 모두 자투리다.

자투리 나무는 재단하고 남은 나무다. 재단에서 가장 중요한 일은 뭐니 뭐니 해도 안전이지만, 그 과정에서 나무의 손실을 줄이는 것도 중요하다. 온장의 직사각형 나무를 어떤 식으로 자르느냐에 따라 자투리가 많이 나오기도 하고 적게 나오기도 한다. 공방에서 자투리 나무를 잘 사용하지 않는 이유는 작은 소품을 만드는 일이 드물기 때문이다. 버리기는 아깝고 쓰자니 마땅한 용도가 없는 나무들, 자투리 나무들은 그렇게

쓰지 않으려 하니 버려졌을 뿐이다.

쌓여간다.

그럼 이제 자투리 나무로 무언가 물건을 만들어보자. 나무가 손바닥만 하다고 깔보면 안 될 일이다. 이 손바닥만 한 나무에 길게 홈을 파고 구멍을 뚫으면 훌륭한 명함꽂이 및 연필꽂이가 된다. 명함을 꽂을 수 있다면 또 다른 것도 꽂을 수 있을 것이다. 홈을 더 넓게 만들어주면 스마트폰을 꽂을 수 있는 스마트폰꽂이가 된다. 어디 그뿐이랴. 홈을 둥글고 넓게 파면 훌륭한 펜트레이가 된다.

노트 크기의 18밀리 자작 합판이 있었는데, 이건 자투리라고 하기에도, 아니라고 하기에도 애매했다. 그래도 무언가 한번 만들어보기로 했다. 한쪽 면을 45도로 자르고 펜을 둘 수 있는 홈을 만들었다. 그랬더니

자투리 나무로 만든 다양한 소품들. 중요한 것은 그것이 무엇이냐가 아니라 어떻게 보느냐이다.

나만의 마우스패드가 되었다. 그러고 보니 길게 잘린 자투리 나무들도 있었다. 이 나무로는 무엇을 만들 수 있을까 고민했다. 액자를 만들기로 했다. 나무를 사각형으로 빙빙 돌려가며 붙였더니 꽤나 운치 있는 액자가 되었다. 작은 물건이지만 쓰임을 잃어버린 나무에 생명을 불어넣은 것 같아 대견했다.

중요한 것은 역시 맥락이다. 그것이 놓이는 자리에 따라 그것의 의미는 전혀 달라진다. 커다란 가구를 만들 때 자투리 나무는 쓸 데가 없는 잉여에 불과하지만 그것에 맞는 용도를 찾으면 새로운 의미로 자리매김하게 된다. 그러나 어떤 물건의 가치를 발견하기 위해서는 그에 걸맞는 안목을 가지고 있어야 한다. 장자는 똑같은 물건을 가지고도 세탁업을 하는 사람과 제후가 된 사람을 이야기한다.

송나라 사람 중에 손이 트지 않게 하는 약을 가진 사람이 있었는데, 그 사람은 대대로 세탁업에 종사했다. 한 손님이 약 만드는 방법을 백금百金에 사고자 하니 약을 가진 사람은 가족과 함께 의논하기를 "우리가 대대로 세탁업을 했지만 번 돈이 몇 푼에 불과한데, 이제 백금을 준다 하니 그것을 팝시다"라고 했다. 손님은 약 만드는 방법을 가지고 오나라로 가 오왕을 설득했다. 때마침 월나라와 전쟁이 있었는데 오왕이 그를 장수로 삼아 싸우게 했다. 오나라는 겨울에 월나라와 수전水戰을 벌였는데, 여기서 월나라를 대패시켰다. 그래서 오왕은 그를 제후로 삼았다. 손이 트지 않게 하는 방법은 한 가지이지만 어떤 사람은 이것으로 제후가 되고 어떤 사람은 세탁업을 면하지 못한 것은 쓰는 방법이 달랐기 때문이다. – 《장자》 〈소요유逍遙遊〉

宋人有善爲不龜手之藥者, 世世以洴澼絖爲事. 客聞之, 請買其方以百金. 聚族而謀曰. "我世世爲洴澼絖, 不過數金. 今一朝而鬻技百金, 請與之." 客得之, 以說吳王. 越有難, 吳王使之將, 冬與越人水戰, 大敗越人, 裂地而封之. 能不龜手, 一也. 或以封, 或不免於洴澼絖, 則所用之異也.

손이 트지 않게 하는 약은 한 가지다. 송나라 사람은 세탁업을 하며 손이 트는 것을 막는 데 그 약을 썼다. 하지만 손님은 그 약의 다른 쓰임을 보았다. 그랬기에 백금을 주고 약의 비법을 사고자 했다. 손님은 그 약을 전쟁에서 군사력을 높이는 데 사용했고, 이후 제후의 자리에까지 올랐다. 자투리 나무도 버려지면 그저 땔감이나 쓰레기에 불과하다. 하지만 자투리 나무의 쓰임을 찾으면 내 책상을 빛내는 소품이 된다.

하나의 사물을 보는 다른 눈, 나도 그 눈을 가지고 싶다. 그래도 지금은 자투리 나무를 보며 다른 무언가를 만들 생각을 하지만 예전엔 그러지 못했다. 그런 눈은 행운으로 얻어지는 것이 아닌데, 나는 행운만을 기다렸던 것 같다. 한참 후에야 행운은 기다리는 것이 아니라 만드는 것임을 알았다. 또한 지나가는 행운을 행운으로 알아챌 수 있는 눈이 없다면 모든 것은 그저 지나가고 만다. 자투리 나무가 산업물 쓰레기 포대에 담겨지는 것처럼 말이다.

하지만 나는 준비되지 않은 인간이었다. 그러니 갱생회를 만들고도 갱생하지 못한 것 아니겠나. 글을 쓰면서는 내 글에 자신이 없어 누군가에게 보여주는 것을 꺼렸다. 그러고는 혼자서 '아직 세상이 내 글을 보아줄 준비가 되어 있지 않다'고 엉뚱한 원망을 해댔다. 그것은 글에만 그치지 않았다. 누군가를 만나면 주는 것보다 받는 것이 좋았으니 어찌 상대가 힘들지 않았겠나. 나는 원망 대신 내 글을 단단히 하고 사람을 대하는 내 마음을 바로잡아야 했다.

천년 동안 사과는 나무에서 계속 떨어졌다. 보통 사람들은 사과가 떨어지면 그러려니 했다. 맛있는 과일을 수고하지 않고 먹게 된 행운에 감사했다. 하지만 아이작 뉴턴은 떨어지는 사과에서 만유인력의 법칙을 찾아냈다.

세계에서 가장 정통한 뉴턴 학자로 알려진 리처드 웨스트폴이 쓴 뉴턴 전기의 제목은《결코 쉬지 않는》이다. 리처드 웨스트폴은 "뉴턴은 한가하게 사과나무 아래 서 있지 않았다"고 말한다. 뉴턴은 단순한 천재가 아니라 결코 쉬지 않고 끊임없이 생각하고 노력하는 성실한 학자였던 것이다. 그랬기에 떨어지는 사과에서 남들이 볼 수 없었던 자연의 법칙을 발견할 수 있었다.

준비하고 생각하고, 그래서 맥락을 파악해야 자투리를 쓸모 있게 사용할 수 있다. 단지 자투리 나무만이 아니라 나 자신, 내가 가진 전력, 나의 장점을 발휘할 수 있다. 그러기 위해서도 자투리를 잘 이용해야 한다. 그렇다. 자투리는 나무만이 아니다. 내게는 또 시간의 자투리가 있다.

삶에는 자투리가 없다

《논어》는 이렇게 시작한다. '학이시습지불역열호學而時習之不亦說乎.' 배우고 때때로 익히면 또한 기쁘지 않은가.

여기서 '때때로'는 '시간이 날 때'의 의미가 아니다. 따라서 이 말은 시간이 남을 때가 아니라 시간이 있을 때마다, 언제나 익히라는 말이다.

위나라 사람 중에 동우董遇라는 인물이 있었다. 동우는 독서하기 좋은 세 가지 여분의 시간, '삼여지설三餘之說'을 말했다.

> 겨울은 한 해가 남겨놓은 여분의 시간이다.
> 밤은 낮이 남겨놓은 여분의 시간이다.
> 비 오는 날은 맑은 날이 남겨놓은 여분의 시간이다. - 《삼국지三國志》〈위서魏書〉
> 冬者歲之餘, 夜者日之餘, 陰雨者時之餘也.
>
> 동우에 의하면 삼여지설의 첫 번째는 겨울, 두 번째는 밤, 마지막은 비 오는 날이다. 동우는 이 시간이 마음으로 독서에 집중할 수 있는 시간이라고 했

다. 한 해의 농사가 마무리되었기에 겨울은 한가로웠을 것이다. 지금처럼 전기가 온밤을 비춰주는 세상이 아니었기에 당시는 밤이 한가로웠을 것이다. 비가 오면 쉬는 일이 많았기에 여유가 있었을 것이다. 그 한가로움을 채우는 것은 독서다.

사실 내가 시간의 자투리를 깨달은 건 불과 얼마 전의 일이다. 내게 밤과 비 오는 날, 겨울은 어떤 시간일까 생각해본다.

남아 있는 시간은 하루의 도처에 널려 있다. 목적지를 향하며 멍하니 보내는 지하철에서의 시간, 집으로 돌아와 아무 생각 없이 텔레비전에 빠져 있는 시간, 약속 시간이 아직 남아 다리를 떨며 커피 잔을 만지작거리는 시간, 할 일이 없어 이 방 저 방을 옮겨 다니며 심심해하는 시간. 그런데 나는 그 시간을 잘 쓰지 못한다.

스마트폰을 원망해보지만 그것에 무슨 죄가 있겠나. 스마트폰을 사용하는 사람은 결국 나인 것을. 그래서 지하철에서나 남는 시간에 책을 보자고 마음먹었다. 몇 권의 책을 가방에 넣으니 무게가 만만치 않았다. 중국의 서점에서 보았던 손바닥만 한 크기의 책이 생각났다. 서점에 가니 《논어》, 《맹자》, 《중용》, 《대학》의 '사서四書'를 손바닥만 한 크기로 만들어놓은 것이 있었다. 네 권을 들고 다녀도 책 한 권 정도 무게밖에 되지 않았다. 작은 것, 자투리는 경시된다. 하지만 때로는 작은 것이 귀하고 유용하다. 이 책도 크기는 작지만 내용은 적지 않았다.

변화의 시작은 일상을 일상으로 바라보지 않는 시선에서 비롯된다.

천 조각이 조각보가 되고 자투리 나무가 명함꽂이가 된 것도 마찬가지라 생각한다. 자투리에서 자투리 아님이 되는 것은 같은 것을 다르게 보고 다르게 본 것에 정성을 들이는 것 아니겠나.

그래서 또 한 번 생각해본다. 나이가 들고 남은 생애를 여생餘生이라고 한다. 그리고 여생은 보낸다고 한다. 치열한 삶이 아니라 마치 덤처럼 남겨진 인생을 흘려보낸다고 생각하는 것이다. 나는 그것이 싫다. 나는 여생도 보내는 것이 아니라 사는 것이라 생각한다.

내 나이도 이제 불혹을 훌쩍 넘겼다. 미혹됨이 없기는커녕 아직도 의혹이 가득하고 당혹스러운 일이 끊이지 않는다. 내 삶은 아직도 요동치고 있다. 남은 내 삶이 한쪽에 쌓인 자투리 나무가 될지, 명함꽂이가 될지는 내가 그 시간을 어떻게 사용하느냐에 달려 있다. 자투리를 자투리로 보내면 청년의 삶도 여생이 되고 말 것이다. 그럼 또 한 번 만들어보고 또 한 번 외쳐보는 거다.

"자투리 나무에 불어넣은 생명을
내게도 한번 불어넣어 보자."

가린다고 가려질까?

가리고 싶다고 가려질까?

잠시는 그렇게 보일지 모른다.

하지만 쉽게 가려지지 않았다.

송곳이 주머니를 뚫고 나오듯 포장지를 뜯고 나오는

나의 내용물들은 얇고 강팍했고 부끄러웠다.

당당해지고 싶었는데,

삶은 늘 당당함을 비켜갔다.

4장

무늬목

포장으로 속을 감추려 하지 마라. 대신 속을 키워라

사람 잡는 선무당

"그래, 가만있어 보자. 사주라 하면 태어난 연월일시를 말하는 것이여. 어디 한번 불러봐."

표정이 중첩된다. 이거야말로 반신반의다. 여기서 한마디를 더 쳐본다.

"사주에 두 자씩 붙으니 팔자인 거야. 갑자, 을축, 병인… 이런 게 연월일시에 다 있다고."

약간씩 믿음이 올라오는 듯하다.

"0000년 00월 00일이요."

엄지손가락으로 새끼손가락의 첫 번째 마디부터 짚어가다 약지의 중간 마디에서 멈춘다.

"그래, 알았고… 남자친구 생년월일은?"

주저주저하면서도 물어본 것을 이야기한다.

"궁합은 말이야, 원진, 고과, 상충만 없으면 돼. 알지? 그리고 다른 건… 또 뭐 있어?"

이제는 완전히 믿는 눈치인데, 슬슬 부담스러워진다.

"요즘 일이 잘 안 풀려요. 왜 그럴까요?"

내가 그걸 어찌 안단 말인가? 하지만 여기서 물러날 순 없다. 질러보는 수밖에.

"집에 나무 키우지?"

"아니요."

"화분에 키우는 나무도 없어?"

"예."

"정말이야?"

"그렇다니까요."

"그나마 다행인 거야. 나무 키웠으면 더 안 좋을 뻔했어."

고개를 끄덕거린다. 다시 한 번 고맙다고 인사한 후에야 자리에서 일어난다. 그런데 조금 있으니 그 학생이 다시 들어온다. 친구까지 데리고. 맙소사.

"이 친구도 좀 봐주세요."

"안 돼. 기가 빠져서 하루에 많이는 못 봐. 오늘은 끝이야."

나는 자리를 털고 일어섰다. 복채로 받은 돈 13,000원을 학생회 애들에게 주고 황급히 술집으로 향했다.

이 장면은 대학 축제 때 내가 벌인 일이었다. 누구에게나 있는 첫사랑이 내게도 있었다. 그런데 대학 1년의 첫사랑을 어머님이 반대하셨다. 우습게도 사주팔자, 궁합 때문이었다. 문제를 타개하려니 그놈의 점이 무엇인지를 알아야 했다. 그래서 노스님이 있는 절로 들어갔다.

기간은 길지 않았지만 고되다면 고된 날이었다. 새벽 3시 반이면 첫 예불에 참석해야 했고 낮에는 밭에 침입한 대나무 뿌리를 캤다. 저녁이면 눈꺼풀이 천근만근이었지만 불경과 함께 스님이 보시는 점 보는 책을 가져다 필사를 했다. 연습장 한 권 분량을 필사하고 나니 대강 뭐가 뭔지 알겠다는 생각이 들었다. 그리고 해결책을 찾긴 찾았다.

하지만 우선입영원을 낸 탓에 나는 1학년이 끝나고 군대에 갔고, 첫사랑과는 헤어졌다. 그때는 망할 놈의 운명인가 생각했다. 그 기억이 남아 축제 때 점 보는 좌판을 벌였던 것이다. 그런데 이게 보다 보니 정말 사람을 그렇게 만들었다.

내가 아는 얄팍한 지식으로 사람을 농단할 수 있다는 생각이 들었다. 내가 이런 이야기를 함부로 해도 되는지 와락 겁도 났다. 그럴듯한 겉모습이었지만 사실 나는 속 빈 강정이었다. 그런데 내 말을 믿고 물어오니 스스로에게 정말 부끄러웠다.

목공을 하면서 그런 속빈 강정들을 보게 된다. 이름하여 무늬목이다. 미리 밝혀두지만 무늬목을 욕할 의도는 전혀 없다. 단지 무늬목과 함께 벌어지는 상황을 이야기하고 싶을 뿐이다.

원목이지만 원목이 아니다

공방의 입구 전면은 폴딩 창으로 이루어져 있다. 밖에서 바라보면 공방의 모습이 훤히 들여다보인다. 사람들은 서울 한복판에 자리한 공방이 신기한 표정이다. 주뼛거리며 힐끔거리다 그냥 지나치는 사람이 있고 당당히 쑥 들어와 이것저것 묻는 사람도 있다. 때로는 가구 주문이나 수리를 의뢰하는 사람도 있다. 그런데 이때 공통된 반응이 있다.

먼저 주문을 위해 상담을 하면서 가격에 놀란다. 나무의 종류와 가구의 크기, 그리고 제작 방법에 따라 가구의 가격은 크게 달라진다. 인터넷에서 보고 저렴한 가구를 생각한 사람은 설명을 들으며 흠칫 놀란다. 그리고 던지는 말이 있다.

"역시 나무가 비싸네요."

옆에서 그런 말을 들으면 이상한 생각이 든다. 물론 나무는 다른 것에 비하면 비싼 재료다. 하지만 사람들은 나무의 가격이 아니라 수공비를 생각지 않는다. 가구를 만들기 위해서는 도면을 그리고 나무를 재단하고 재단한 나무를 이어야 한다. 다음에는 샌딩을 하고 오일을 바른다.

이 과정은 모두 사람이 한다. 조금 큰 가구라면 거기에 근 일주일을 매달려야 하는데, 사람들은 그 과정에 들어간 작업자의 노고를 생각하기보다 나무 값만 생각한다. 한 가지만 전문적으로 만든다면 공장처럼 표준화 공정을 만들 수도 있겠지만 공방에서는 그럴 수가 없다. 공방에서 가구를 만드는 장점 중의 하나는 시중에 팔지 않는 크기, 내게 꼭 맞는 크기를 선택할 수 있다는 점이다. 공방을 이용하면 가구의 규격에 나를 맞추는 것이 아니라 내게 맞는 가구를 짤 수 있다.

수리를 맡기러 온 사람들에게서 또 다른 공통점을 발견할 때가 있다. 늘 그런 것은 아니지만 꽤 비싸게 준 가구가 나무로 만들어지지 않은 경우가 있다. 겉은 멀쩡히 나무의 무늬를 하고 있지만 속은 MDF인 경우가 많다. 그럴 때면 사람들이 상당히 실망한 표정으로 혼잣말하는 것을 듣게 된다.

"비싸게 주고 샀는데… 원목인 줄 알았는데."

가끔 인터넷에서 가구를 살펴본다. 가구마다 원목임이 강조되어 있었다. 내가 생각하기에 원목으로 만들어졌다면 그렇게 저렴한 가격이 나올 수 없었다. 그래서 자세히 살펴보면 뒤에 MDF가 소심하게 표기되어 있었다. 문제는 MDF가 아니라 MDF를 숨긴다는 데 있다.

나무를 파쇄해서 나온 섬유질을 접착제와 혼합하여 압력을 가해 만든 재료가 MDF다. MDF는 싸고 가볍고 다루기도 쉽다. 사람들이 MDF와 원목을 혼동하는 이유는 겉에 붙는 무늬목 때문이다. 어떤 무늬목은 나무와 정말 똑같은데, 그건 정말로 나무를 얇게 잘라 만들었기 때문이다. 또 어떤 경우는 필름이나 시트지에 나뭇결을 인쇄해 붙이기도 한다. 이런 경우에는 금방 티가 난다.

MDF와 비슷한 자재로 파티클 보드가 있다. 만드는 과정은 MDF와 비슷한데 폐목을 사용하고 조금 더 거칠다는 차이가 있다. 부엌 싱크대의 대부분이 이 파티클 보드로 만들어진다.

MDF나 파티클 보드가 싸고 가벼운데도 원목을 선호하는 이유는 뭘까? 원목이라고 무조건 좋은 것은 아니다. 원목은 수축 · 팽창을 하고 뒤틀린다는 단점이 있다. 그래도 사람들은 원목을 사용하려고 한다. 그것은 자연이 주는 아름다움과 순수함에 대한 열망일지 모르겠다.

겉모습이라는 껍질

사실 자신이 사용하는 데 문제가 없고 편리하다면 무엇으로 만들든 상관없는 일이다. 점을 보는 것도 마찬가지다. 나는 점을 친다는 것 자체를 나쁘게 생각하지 않는다. 점을 치는 행위는 고대로부터 내려온 전통이다. 이순신 장군도 전쟁에 나가기 전 주역점을 쳤다고 한다. 문제는 역시 다른 곳에 있다. 내가 알지도 못하면서 지껄였던 것처럼 말이다. 점을 선호하는 사람에게 내가 하는 말이 있다.

"좋은 것은 좋게 받아들이고
나쁜 것은 조심하면 그만이다."

그렇다. 나쁜 이야기를 들으면 그 부분에 대해 더 조심하면 된다. 또 좋은 이야기를 들으면 거기에 자만하지 말고 기분 좋아하면 될 일이다. 하지만 이런 마음가짐을 갖기는 쉽지 않다. 점을 치는 사람은 금방 누구라도 죽을 것처럼 이야기하고 점을 보러 온 사람은 그 말에 현혹되어 안절부절못한다. 이건 무늬목을 원목이라고 속이는 것과 비슷하다.

원목가구라고 선전하는 많은 가구들 중 상당수는 원목이라 할 수 없다. 각재 몇 개가 나무라고 해서 그 가구를 원목가구라고 할 수는 없다. 나머지 대부분은 원목이 아닌 다른 재료에 원목 무늬의 시트지를 붙여 만들었기 때문이다.

그럴듯하게 포장되었지만 실은 그렇지 않은 것, 달콤한 말로 사람을 현혹하지만 내용이 딴판인 경우는 가구에만 있지 않다. 달콤한 말과 그럴듯한 모습에 사람들은 쉽게 무장해제된다. 그러나 정성스러운 말은 귀에 거슬리지만 내 행실을 닦는 데는 이롭다고 했다.

교묘한 말과 아첨하는 빛을 띠는 자 중에 어진 자가 드물다. -《논어》〈학이學而〉
巧言令色, 鮮矣仁.

공자가 《논어》에서 이 말을 한 것은 한 번이 아니다. 〈양화陽貨〉 편에서도 '교언영색巧言令色'을 이야기하며 교묘한 말과 아첨하는 빛을 경계한다. 가구에서 사람을 현혹하는 것은 무늬목이 아니라 무늬목을 속이는 교묘한 말과 원목처럼 보이게 찍은 사진들, 잘 드러나지 않게 표기된 재질이다.

무늬목과 원목을 구분하기 위해서는 먼저 나무의 결을 살펴야 한다. 하나의 나무도 다른 결을 가지고 있다. 그런데 커다란 판면의 결이 비슷한 톤의 일정한 결을 가지고 있다면 무늬목인지 의심해보아야 한다. 다음은 잘려진 단면을 잘 살핀다. 면의 결과 단면의 결이 서로 이어지는지를 살피면 원목과 무늬목을 웬만큼 구별할 수 있다.

원목과 무늬목을 착각하는 것처럼 사람 사이에도 오해가 생긴다. 그 사람이 진국인지, 아니면 교언영색하는 사람인지는 첫인상으로 파악할 수 없다. 미국 프린스턴대학 연구팀의 실험에 의하면 첫인상을 보고 신뢰와 호감을 판단하는 데 걸리는 시간은 0.1초에 불과하다. 한 사람을 판단하는 데 걸리는 시간이 불과 0.1초인 것이다.

사실 나도 그런 실수를 많이 했다. 첫인상에 좌우되고 나이와 학력을 물었었다. 처음 본 사람을 조건과 외모로 판단했던 것이다. 그리고 나중에 내 생각보다 훨씬 좋은 사람이거나 그렇지 않은 사람임을 알고 그 판단을 부끄러워했다. 그런 실수를 반복하다 보니 어느덧 다른 버릇이 생겼다. 그런 것들을 잘 묻지 않게 된 것이다. 그래서 중국에 있을 때는 몇 달 만난 사람이 한국에서 어느 학교를 다녔는지도 몰랐다. 그렇다고 내가 사람을 잘 본다는 것은 아니다. 사람 속은 알 수 없음을 느끼고 또 느낀다.

사람을 대하면서 느끼는 건, 그 사람이 아니라 내 눈이 보다 정확해져야 한다는 사실이다. 내 눈이 밝지 못하고 내 귀가 밝지 못해 외모에 현혹되고 달콤한 말에 넘어갈까 봐 걱정스럽다. 그래서일까, 한비자는 이런 말을 남겼다.

눈이 밝지 못하는 것은 흑백을 판별하지 못하는 것이고, 귀가 밝지 못하는 것은 소리의 청탁을 식별하지 못하는 것이며, 지력이 밝지 못하는 것은 이해득실의 한계를 판단하지 못하는 것이다. 눈이 흑백을 판별하지 못하는 상태를 맹盲이라 하고, 귀가 소리의 청탁을 식별하지 못하는 상태를 농聾이라 하며 지력이 사리분별을 바르게 할 수 없는 상태를 광狂이라 한다. 맹이 되면 환한 대낮이라 해도 앞을 보지 못해 위태로운 곳을 피할 수 없고, 농이 되면 천둥소리도 듣지 못하며, 광이 되면 인세의 법령을 피할 만한 사고력이 없으므로 형벌의 화를 받게 된다. –《한비자韓非子》〈해로解老〉

目不明則不能決黑白之分, 耳不聰則不能別清濁之聲, 智識亂則不能審得失之地. 目不能決黑白之色則謂之盲, 耳不能別清濁之聲則謂之聾, 心不能審得失之地則謂之狂. 盲則不能避晝日之險, 聾則不能知雷霆之害, 狂則不能免人間法令之禍.

눈이 있으나 보지 못하고, 귀가 있으나 듣지 못하는 경우가 있다. 눈에 보이는 것들이 전부가 아니고 들리는 것이 모두 진실은 아니다. 보이고 들리는 것은 현상일 뿐이다. 그 현상 속에서 드러나지 않는 것을 찾아내는 힘이 통찰력이다.

눈을 밝히고 귀를 열어 사람을 보아야 한다. 말이 행동을 따르는지, 말에 허황함이 없는지, 그 사람의 겉과 속이 같은지를 알기 위해 노력해야 한다. 그러지 않으면 사람의 어둠 속에서 상처를 입고 길을 헤매게 될 것이다.

장차 배신할 사람은 그 말에 부끄러움이 있고, 마음속에 의심이 있는 자는 그 말이 갈라진다. 길한 사람은 말이 적고, 조급한 사람은 말이 많다. 선을 속이는 사람은 그 말이 놀고, 지조를 잃은 사람은 그 말이 비굴하다.

–《주역周易》〈계사전繫辭傳〉下

將叛者, 其辭慙, 中心疑者, 其辭枝, 吉人之辭, 寡, 躁人之辭, 多, 誣善之人, 其辭遊, 失其守者, 其辭屈.

드러난 것에 단서가 있다. 아무리 숨기려 해도 감출 수 없는 부분이 있다. 기미나 전조는 어디에나 있다. 단지 그것을 파악하지 못할 뿐이다. 겉을 통해 속을 알아야 한다. 그러지 않으면 언제나 달디단 말에 속아 땅을 치고 후회하는 일이 반복될 것이다.

나는 이런 일이 우리 현실에서도 벌어진다고 생각한다. 예전에 선거 홍보 아르바이트를 한 적이 있다. 내가 하는 일은 슬로건을 만들고 카피를 쓰는 일이었다. 의뢰를 받아 하는 일이니 후보를 고를 수는 없었다. 나는 그때 이 일이 무척이나 괴로웠다. 해당 후보를 실제 모습과 다른 이미지로 만들어내야 했기 때문이다. 지키기 어려운 공약을 내세웠지만 믿음직스러운 이미지를 입혀야 했고 '갑질'이 몸에 밴 사람이었지만 서민의 친구로 포장해야 했다. 그래서 한때는 원형탈모증을 앓기도 했다.

모두가 그렇지는 않겠지만 정치인들은 때만 되면 지키지도 못할 말을 내뱉고, 잘 찍은 사진으로 이미지를 조작한다. 국밥을 먹는 사진, 아이를 따뜻하게 안아주는 모습을 보면 그 사람이 정말 그렇게 살 것만 같은

송곳이 주머니를 뚫고 나오듯
마음은 표정을 뚫고 나온다.

생각이 든다. 그러나 사진은 이미지일 뿐이다. 평소 모습을 살피지 않으면 사진 한 장에 속아 사회와 국가를 무너뜨리는 재난에 일조할지도 모른다.

말이 아니라 행동을 보아야 한다. 말이 행동과 일치되는지 준엄히 살펴야 한다. 그것이 이 사회에서 우리가 살아남는 또 하나의 방법이다.

바탕은 내용이고 꾸밈은 형식이다

알타이 지방의 달단족 신화에 의하면 사람은 하느님이 흙으로 만들었다. 하느님은 인간에게 줄 숨을 가지러 가며 개에게 사람을 지키도록 했는데, 그사이 마귀가 나타나 개에게 사람을 구경하게 해달라고 했다. 사람을 보여주면 황금빛 털가죽을 주겠다고 했다. 개가 여기에 혹하여 사람을 보여주자 마귀는 사람에게 침을 뱉어버렸다. 하느님이 돌아와 보니 사람이 더러워져 있었다. 그래서 안팎을 뒤집으니 지금처럼 겉은 매끈해지고 속은 더러워졌다.

겉모습은 껍질이다. 겉의 모습이 좋은 첫인상을 줄 수는 있지만 사람의 마음을 움직이게 할 수는 없다고 생각한다. 그렇다고 겉은 아무래도 괜찮은 걸까? 내가 늘 하는 말이 있다.

예전 내 별명 중 하나가 '신촌 삼치', 즉 음치, 박치, 길치였다. 뭐 그런 유전자를 받았으니 할 수 없다. 하지만 그래도 남보다 하얀 피부를 물려받아 다행이다. 그것이 또 사람 사이의 관계에서 도움을 준 것도 부인할 수 없다. 자랑을 하려는 게 아니라 너무 한쪽을 팽개치는 것도 좋지 않음을 이야기하고 싶은 것이다.

겉과 속은 조화를 이루어야 한다. 겉이 화려해야 한다는 말이 아니다. 겉은 속을 드러낼 수 있는 최소한의 표현 형식을 가져야 한다.

공자가 말했다. "바탕이 꾸밈을 이기면 거칠어지고, 꾸밈이 바탕을 이기면 화려해진다. 꾸밈과 바탕이 조화를 이룬 뒤에야 군자라고 할 수 있다."

–《논어》〈옹야〉

子曰 : "質勝文則野, 文勝質則史, 文質彬彬, 然後君子."

공자는 꾸밈과 바탕이 조화를 이루는 문질빈빈文質彬彬 연후에야 군자라 할 수 있다고 말한다. 바탕은 내용이고 꾸밈은 형식이다. 바탕은 속이고 꾸밈은 겉이다. 바탕이 착한 사람도 예를 모르면 거칠어 대하기 힘들고 잘 꾸민 사람이라도 그 속이 검으면 함께할 수 없다. 본성의 바탕에 예를 갖추어야 비로소 군자가 된다.

꾸밈과 바탕이 조화를 이룬다는 것은 그 사람의 내면과 그 사람의 외면이 조화를 이룬다는 것일 테다. 하지만 나는 그러지 못했던 기억이 있다.

영화나 드라마를 보면 참 멋있게 보이는 인물들이 있다. 가죽점퍼를 멋지게 걸치고 말끝마다 멋진 말을 내뱉는 인물을 보며 그와 닮고 싶다는 생각을 했다. 특히 〈영웅본색〉을 보면서 그런 생각을 많이 했다.

〈영웅본색〉의 저우룬파(주윤발)가 바바리코트를 입고 다리를 저는 모습이 그렇게 멋있을 수 없었다. 그때 나는 중학생이었으니 바바리코트는 언감생심이었다. 그나마 따라 할 수 있는 것이 다리를 저는 척하는 것이었다. 그리고 어머니에게 된통 혼났던 기억이 있다.

내가 그런 삶을 살지 않았고 내게 그런 한이 없는데 그런 척을 하는 건 오래가지 않는다. 마치 몸에 맞지 않는 작은 옷을 입고 100미터 달리기를 하려는 것과 같다. 그리고 그런 척은 금방 탄로가 나게 마련이다.

그래서 무늬목은 금방 벗겨진다. 화려한 치장을 했지만 금방 벗겨져 자신의 속살을 내보이고 만다. 물론 무늬목에는 분명 이유가 있다. 앞서 말했지만 문제는 무늬목을 원목이라고 속이는 것이다. 그리고 또 한 가지, 원목에는 무늬목을 입히지 않는다. 겉과 속이 같아 그럴 필요가 없다. 자, 여기서 한마디 하고 끝내련다.

"멋진 척하지 말고 정말 멋있어지는 건 어때!"

내가 일하고 있는 '나무와 늘보' 공방의 전경

나는 쉽게 한정지었다.

하나의 면을 보면 그 하나의 면이 전부라고 생각했다.

그래서 내가 보는 세상은 늘 흑백의 평면이었다.

나는 평면 속에서 입체를 찾았고

흑과 백의 세상에 나만의 색이 있으리라 기대했다.

그게 잘못이었다. 나는 나무를 통해 달리 보는 법을 알았다.

그것을 가죽나무가 알려주었다.

5장

가죽나무

새로운 길을 가고 싶다면 새로운 생각을 해라

상식의 습격

이사를 하기 전, 이사 갈 집을 새로 단장하기로 했다. 욕실 타일을 다시 붙이고 도배도 하고 바닥도 다시 깔았다. 싱크대도 새로 하려는데, 나무로 했으면 싶었다. 공방에 나가고부터는 뭐든 나무로 만들려는 이상한 습성이 생기고 말았다. 그런데 나무는 습기에 약해서 싱크대로 만들면 안 된다고 했다.

'그렇지. 나무는 습기에 약하지.' 그런 생각을 하며 고개를 끄덕끄덕 했다. 그런데 뭔가 개운치 않았다. 얼마 후 공방에 갔더니 없던 싱크대가 놓여 있었다. '이게 뭐지? 이건 나무로 만들었잖아.' 부리나케 공방장 늘보 선생님에게 가 싱크대를 나무로 만들면 안 되지 않느냐며 소심하게 물었다. 대답은 이랬다.

"그럼 옛날에 배는 어떻게 나무로 만들었대?"

아. 내가 왜 그 생각을 못했을까? 그저 그렇다고 여기니 그럴 것이라 생각하고 말았던 것이다. 이런 경험은 또 있다.

아주 늦은 시간에 술집을 찾고 있는데, 한 친구가 아는 홍어집이 있다며 거기로 가자고 했다. 거기에는 내가 좋아하는 홍어찜도 있다면서. 신 나게 달려가 테라스에 자리를 잡았다. 긴 기다림 끝에 보기에도 먹음직스러운 홍어찜이 그 자태를 드러냈다. 한 젓가락 푹 찍어서 떼어내니 살이 결대로 갈라지며 따라 올라왔다. 눈치 볼 것 없이 입 안으로 쏙 집어넣었다.

아, 그런데 이건 짜도 너무 짰다. 처음엔 내 입에만 짠 줄 알았다. 다시 몇 점을 먹어도 마찬가지였다. 옆 친구 역시 짜다고 하길래, 어디 가서 좀처럼 불평을 하는 성격이 아니지만 한마디 묻기라도 해야 할 것 같았다.

"아주머니, 홍어가 좀 짠데요."

사실은 무척이나 짰지만 최대한 예의를 차리며 물었다.

"짜요?"

아주머니가 되묻는다. 이제 솔직히 말해야겠다.

"짠 정도가 아니라 엄청 짜요."

그다음 아주머니의 대답이 압권이었다.

"홍어가 바다에서 나와 짠가 봐요."

순간 아무 말 못하고 멍해졌다. 잠시 후 무언가 할 말이 생각났는데,

아주머니가 히죽 웃음을 보이며 이미 사라지고 난 뒤였다.

"아니, 그러면 바다에서 나온 고등어에는 간을 왜 하는데!"

혼자서 되뇌는 내가 더 처량했다. 생각해보면 싱크대도 그렇고 홍어찜도 그렇다. 아무 생각 없이 듣고 의문을 가지지 않으니 그냥 그러려니 하고 끝나버린 것이다. 평소 꽤 비판적인 시각을 지녔다고 자부했는데, 멀어도 한참이나 멀었다.

나는 다시 한 번 나를 되돌아보게 되었다. 내가 걷는 생각의 길에 너무 익숙해진 것은 아닌가? 처음엔 그런 줄 알았는데, 그것도 아니었다. 익숙한 생각의 길도 걷지 않고 버려둔 것이었다. 가본 길은 다시 안 가도 된다고 생각하여 방치하고 있었던 것이다.

맹자가 고자에게 일러 말했다. "산속의 작은 길도 많이 다니면 큰길이 되지만 잠시 다니지 않으면 곧 띠(풀)가 우거져 막혀버리는 법이거늘, 이제 그 띠가 자네 마음을 막아버렸구나." – 《맹자》〈진심장구盡心章句〉下

孟子謂高子曰："山徑之蹊間，介然用之而成路，爲間不用則茅塞之矣，今茅塞子之心矣."

걷지 않으면, 길은 없어진다. 금방 띠가 우거져 길의 모습을 찾을 수 없게 된다. 문제는 마음의 길도 그렇다는 데 있다. 마음에도 길이 있고 생각에도 길이 있다. 그 길도 가지 않으면 띠가 우거지듯 막히고 굳어버린다. 굳은 마음, 막힌 생각은 더 이상 새로움을 품지 못한다. 굳어버린 마음으로 사물과 세상을 대하면 참혹한 일상의 수레바퀴에서 벗어날 수 없다.

어쩌면 문제는 단절에 있는지도 모른다. 자투리 나무를 보면서는 다른 무언가를 만들 궁리를 하면서 또 다른 것을 보았을 때는 그런 생각을 하지 못한다. 자투리 나무를 보는 눈과 다른 사물을 보는 눈은 다르지 않다. 그런데 그때 한 생각을 이번엔 하지 못한다. 생각과 생각 사이에 벽이 있기 때문이다. 그렇게 경첩을 달았으면 녹슬지 않도록 문을 열어야 한다면서 정작 나는 빗장을 채워두고 있다.

이제야 조금 알겠다. 띠가 우거져 막힌 길은 생각과 생각을 잇는 생각의 길이다. 하나의 사물을 다르게 보는 눈은 생각과 생각이 연결될 때 가능한 것이다. 그러고 보니 조금씩 생각의 회로들이 살아나는 느낌이다.

쓸모없는 것의 커다란 쓰임, 무용無用의 대용大用

공방에서 어린이 목공 수업을 열기로 했다. 공방장인 늘보 선생님이 어린이 목공에 사용할 나무를 주우러 가자고 했다. 어린이들을 대상으로 하는 목공은 나무를 재단하고 구멍을 뚫고 나사를 박아 가구를 만드는 일이 아니다. 조그만 칼로 자신이 만들고 싶은 모양을 깎고 붙이며 나무를 만지는 것이다. 정해진 형태도 없다. 만들고 싶은 것을 만들면 된다. 조금만 도움을 주면 가지를 이어 솟대도 만들고 로봇도 만든다.

우리는 공방에서 가까운 성미산으로 향했다. 가지치기된 나무들이 여기저기 쌓여 있었다. 재단된 나무만 보다가 온전히 껍질에 쌓여 있는 나무를 보니 새삼 느낌이 달랐다. 쓸 만한 나무를 뒤적이며 산을 둘러보았다.

나는 꼬불꼬불하고 옹종이 많은 나무가 없나 살펴보았다. 나무들은 하늘을 향해 허리를 곧게 펴고 서 있었다. 내가 그런 나무를 찾는 이유는 장자의 한 구절 때문이었다. 무언가 막힐 때, 생각의 도식에서 빠져나오지 못할 때 장자는 뒤통수를 때리며 다른 길을 열어준다. 생각하지 못했던 것을 생각하게 하는 것, 그것 역시 길을 열고 다리를 놓는 일이다.

혜자가 장자에게 일러 말했다. "나에게 커다란 나무가 있는데, 사람들은 그것을 가죽나무라고 합니다. 큰 줄기에는 옹종이 있어 먹줄을 댈 수 없고, 작은 가지는 꼬불꼬불 구부러져 규구로 잴 수 없으니 땅 위에 서 있기는 하나 장인이 거들떠보지 않습니다. 선생의 말도 크기는 하지만 아무 쓸데가 없으니 사람들이 모두 피합니다."
장자가 말했다. "당신만 혼자 살쾡이를 보지 못했군요. 몸을 낮추어 먹이를 기다리다 동서로 뛰어오르며 높고 낮은 곳을 가리지 않다 덫이나 그물에 걸려 죽습니다. 그런데 이우라는 소는 그 크기가 하늘에 드리운 구름만 한데, 이 소가 그렇게 커도 쥐를 잡지 못합니다. 당신은 큰 나무가 있지만 그것을 쓸데가 없어 고민한다 합니다. 어째서 그 나무를 아무것도 없는 무하유지향無何有之鄕, 광막한 들에 심으려 하지 않습니까? 그 나무 주위를 아무 할 일 없이 방황하고 소요하면서 그 아래 누워 잘 것을 생각하지 못합니까? 그렇게 하면 도끼에 의해 잘리지도 않을 것이며 어떤 것에도 해로움이 없을 것인데, 어찌 쓸데가 없음을 괴로워한단 말입니까?" – 《장자》 〈소요유〉
惠子謂莊子曰 : "吾有大樹, 人謂之樗. 其大本擁腫而不中繩墨, 其小枝卷曲而不中規矩, 立之塗, 匠者不顧. 今子之言, 大而無用, 衆所同去也."
莊子曰 : "子獨不見狸狌乎? 卑身而伏, 以候敖者, 東西跳梁, 不避高下, 中於其辟, 死於罔罟. 今夫斄牛, 其大若垂天之雲. 此能爲大矣, 而不能執鼠. 今子有大樹, 患其无用, 何不樹之於無何有之鄉, 廣莫之野, 彷徨乎無爲其側, 逍遙乎寢臥其下. 不夭斤斧, 物无害者, 無所可用, 安所困苦哉."

살쾡이는 먹이를 잡는 자신의 능력 때문에 이리저리 뛰다가 죽는다. 이우라는 소는 아무리 커도 쥐를 잡지 못한다. 그 자신의 효용이 때로는 자신을 죽이는 일이 되고, 사람들이 큰 효용이 있다 여기는 것도 쓸모없을 때가 있다. 하나의 사물에는 언제나 다른 면이 있다.

혜자에게 구부러지고 옹종 많은 가죽나무는 자리만 차지하는, 쓸모없는 사물에 불과했다. 그래서 혜자는 가죽나무를 무용無用이라 했다. 치수를 재고 재단을 해서 길고 널찍한 판자로 만들어야 무엇이든 만들 수 있을 텐데, 가죽나무로는 그럴 수 없었다. 가지가 하도 꼬부라져 치수를 잴 수 없었다. 옹종이 많아 먹줄을 댈 수 없고 톱으로 자르기도 힘이 드니 장인들은 아예 손을 대지 않았다. 그런데 그것은 혜자의 생각일 뿐이었다.

우리는 가지치기된 나무를 줍기 위해 차를 타고 성미산까지 왔다. 우리가 찾는 나무는 커다란 지붕을 받들 기둥도, 사람의 눈을 자극할 희귀한 모습도 아니었다. 누군가에게는 쓸모없이 버려진 나무가 우리에게는 또 소중한 재료였던 것이다. 무엇을 어떻게 보느냐에 따라 모든 것은 달라진다.

아집을 버리면 쓸모없는 것은 없다.

한때 '무용장존無用長存'이라고 불린 적이 있다. 대학에 있을 때부터 나는 사설 연구소에서 일했는데, 무용장존이라는 별명은 그때 붙었다. 별로 도움도 안 되면서 술자리에는 꼬박꼬박 참가하니 쓸모없어 보였나 보다.

이렇게 말하면 겸손이다. 내가 얼마나 열심히 일했는데. 그때는 그저 역설적 표현이라고 생각했다.

무용장존은 '쓸모없는 것이 오래 간다'는 뜻이다. 여기서도 생각을 전환시켜 보자. 쓸모 있음과 쓸모없음의 기준을 달리하면 상황은 역전된다. 사람에게 쓸모 있음이 과연 나무에게도 쓸모 있음일까?

송나라에 형씨荊氏들이 사는 곳이 있었다. 가래나무, 잣나무, 뽕나무가 많아서 그런 이름이 붙었다. 그것이 한두 줌 이상 크면 원숭이 말뚝으로 베어 가고, 서너 아름이 되면 고관 집 용마룻감으로 베어 가고, 일고여덟 아름이 되면 귀인댁·부잣집의 널판자감으로 베어 간다. 그래서 천수를 다하지 못하고 중도에 도끼에 찍혀 죽고 만다. 이것이 쓸모 있는 재목들의 환난이라는 것이다.

-《장자》〈인간세人間世〉

宋有荊氏者, 宜楸柏桑, 其拱把而上者, 求狙猴之, 杙者斬之. 三圍四圍, 求高名之麗者斬之, 七圍八圍, 貴人富商之家, 求樿傍者斬之. 故未終其天年, 而中道之夭於斧斤, 此材之患也.

가죽나무는 그 모습으로 인해 살아남는다. 굵고 곧은 나무들은 목재를 만들려는 사람들에게 찍히고 베어진다. 하지만 가죽나무는 장인에게 쓸모없음으로 인해 살아남았다. 장인에게 쓸모없음이 가죽나무에게는 생존의 조건이 되었다.

세상의 중심은 나다. 나는 그렇게 믿으며 살았다. 그러나 때로는 중심 이동이 필요하다. 세상의 중심이 나라는 것은 내가 내 인생의 주인이 된다는 말이지 모든 것을 자기중심적으로 바라본다는 말이 아니다. 내가 주인이되 오만과 독선에 빠지지 않아야 보지 못했던 다른 것을 볼 수 있게 된다. 그것은 단지 사람과 사람 사이의 관계에만 그치지 않는다.

다른 사람의 입장에서 생각하는 것, 그것은 인간관계의 기본일 수 있다. 하지만 이를 조금 더 확장하면 내 주위의 사물을 통해 세상을 바라볼 수 있다. 이는 생각의 틀을 부수고 한계를 넓히는 계기가 된다.

하지만 쉽게도 보고 싶은 것을 보고 듣고 싶은 것만 들으며 믿고 싶은 것만을 진실이라 여기는 우를 범하게 된다. 그것이 편하기 때문이다. 그렇게 생각하면 골치 아파질 이유가 없기 때문이다. 하지만 그러면 곧 무언가를 놓치게 된다. 나를 둘러싼 이 거대한 세상의 변화에서 소외된다.

장자의 가죽나무 이야기는 생각의 한계를 깬다. 생각의 한계를 깨 사고의 역전을 이루기 위해서는 날카로운 눈, 밝은 귀, 열린 마음이 필요하다.

장님과 귀머거리

내가 문화인류학과에 진학한 것은 신화를 공부하기 위해서였다. 그때부터였던 것 같다. 더 이상 시를 쓰지 않고 문학을 멀리하게 된 것이. 고시원을 전전해야 했던 내게 책은 무거운 짐이었다. 책에도 다이어트가 필요했다. 제일 먼저 버린 책은 잡지, 정기간행물이었고 그다음은 소설과 같은 문학류 서적이었다. 그러면서 문학을 털어버리기로 작정했던 듯싶다.

처음 나는 신화를 문자에 한정 지었다. 그리스 로마 신화나 《삼국유사》에 등장하는 단군신화만이 신화인줄 알았다. 하지만 문자는 신화를 표현하는 하나의 방법에 불과하였다. 문화인류학 내에서 전공이 종교민속학이었기에 한 학기 내내 굿을 보러 다니고 무당과 인터뷰를 했다. 그러면서 신화가 문자라는 내 도식은 점점 깨어졌다. 그리고 또 다른 신화의 일면을 보게 되었다.

롤랑 바르트는 신화를 역겹게 생각했다. '신화는 역사를 박탈한다'는 그의 명제가 내게 다가왔다. 이는 역사적 사실이나 진실에 상관없이 사람들이 어떤 것을 믿게 되면 그것이 진실이나 사실로 변질됨을 의미했다. 롤랑 바르트는 나의 신화 공부에서 또 다른 영역을 차지하게 되었다.

'믿는 것이 진실인가? 진실이기 때문에 믿는가?' 어느 하나를 진실이라 믿으면 다른 모든 것은 거짓이 되고 만다. 진실이기 때문에 믿는 것이 아니라 믿는 것을 진실이라 여기고 싶기 때문이다. 그러면 아무것도 볼 수 없게 된다. 여기엔 두 가지 자세가 필요하다. '왜 그것을 진실이라고 믿느냐'와 '무엇이 진실이냐'. 맥락의 진실과 사실적 진실을 파악하지 못하면 늘 안개 속을 걸을 뿐이다. 보아도 보이는 게 없고 들어도 들리는 게 없다. 장자는 이렇게 이야기한다.

장님에게는 아름다운 무늬를 보일 필요가 없고 귀머거리에게는 음악소리가 필요 없다. 어찌 육체적으로만 장님과 귀머거리가 있겠나. 정신면에서도 그런 것이 있다. –《장자》〈소요유〉

瞽者无以與文章之觀, 聾者无以與乎鐘鼓之聲. 豈唯形骸有聾盲哉? 夫知亦有之.

볼 수 있는 눈이 없는 사람에게 아름다운 무늬는 무의미하다. 들을 수 없는 사람에게는 음악이 필요치 않다. 그것은 몸에만 국한되지 않는다. 보고 통찰하고 듣고 이해하는 생각과 마음이 없다면 그 사람은 생각의 장님이며 마음의 귀머거리일 것이다. 생각의 눈을 뜨고 마음의 귀를 열지 않으면 그려진 선을 따라 색을 채우는 일밖에 할 수 없다.

보고 싶은 것만 보고 듣고 싶은 것만 듣는 사람도 장님, 귀머거리와 비슷할 것이다. 그 이유는 막아놓은 생각 때문이다. 그것은 이것이라고 규정했기 때문에 다른 의문의 틈을 막아버린 것이다. 무엇의 의미는 내게 다가오는 것이 아니다. 내가 그것에 의미를 부여할 때, 그 의미는 비로소 길어 올려진다.

성미산에서 나무를 들고 내려오면서 나는 아이들이 이 나무를 어떻게 바라볼지 궁금해졌다. 이 나무는 쓸모없다며 버려진 나무다. 그러나 동시에 정해지지 않은 나무다. 이미 익숙한 길에서 관습과 생각에 젖어버린 내가 보지 못하는 것을 아이들은 볼 것이다. 그러나 다시 생각해본다. 아직 나도 많이 남았다고 말이다.

"나는 아직 나의 길을 다 걷지 아니하였고
우리의 역사는 끝나지 않았다."

작은 나뭇등걸을 이용해 찻잔 받침을 만들어보았다. 투박했다. 하지만 투박함도 멋이 될 수 있다. 내일은 잘 재단된 나무를 만지겠지만 오늘은 이 거친 나무의 껍질과 함께하고 싶다.

가만히 웅크리고 있는 방 안에서는

아무것도 할 수 없었다.

내가 하고 싶은 일은 저기 바깥에 있는데,

혼자서는 어디도 갈 수 없었다.

이 나무는 이렇게 많은 조각이 모여 넓디넓은 면을 이루는데,

나는 어디 한 조각도 되지 못한 채

따로 떨어져 있었다.

6장

집성목

우리는 모두 조금 모자라다

함께의 즐거움

휑한 공간이었다. 어디서부터 손을 대야 할지 도무지 감이 잡히지 않았다. 우리는 멍하니 빈 공간에 서 있었다. 그때 공방장 늘보 선생님이 낑낑거리며 커다란 페인트 통을 들고 왔다. 먼저 칠부터 시작하잔다. 그때서야 우리는 부리나케 움직이기 시작했다.

생전 처음 인테리어 공사 일을 도왔다. 음식에 관심이 많은 공방 친구가 사무실을 얻어 공용 부엌을 만드는데, 그 일에 공방 식구들이 나서기로 한 것이었다. 롤러에 페인트를 묻히고 다시 한 번 바라보니 엄두가 나지 않았다. 언제 여기를 다 칠할 것이며 또 언제 싱크대와 식탁을 비롯한 가구를 짤 것인가?

“자, 그럼 나는 천장을 칠하겠소.”

“나는 이쪽 벽부터 칠을 하지.”

어라, 모두가 팔을 걷어붙인다. 그럼 나도 빠질 수 없지. 그렇게 쓱싹 쓱싹 페인트칠이 시작되었다. 그런데 웬걸, 하루 종일 해도 하지 못할 것만 같던 칠이 몇 시간 만에 끝이 났다. 역시 한 손보다는 두 손이 나은 법이다.

나는 누군가에게 도움 받는 것을 별로 좋아하지 않았다. 그렇다고 깍쟁이는 아니었다. 도움을 주는 데는 별로 인색하지 않았다. 솔직히 도움을 거부했다기보다 도와달라는 말이 입에서 쉽게 나오지 않았다. 대학에 들어가고 군대에 갔다 와서도 그건 마찬가지였다. 그런데 하루는 후배가 다가와 한마디를 하고 가는 것이었다.

“오빠, 오빠가 복학생 꼴찌라면서요. 그리고 오빠들 보면서 애들이 폐인이라고 부르는 거 알아요?”

우리는 스스로 순수를 잃지 않은 영혼들이며 낭만을 노래하는 시인들이라고 이야기했지만 다른 사람들 눈에는 그저 군대 갔다 와서도 정신 차리지 못하는 낙오자일 뿐이었다. 게다가 내가 그들 중 꼴찌라고? 이래서는 안되겠다는 생각이 들었다.

시험이 코앞으로 다가왔지만 그동안 무슨 공부를 했어야 말이지. 하는 수 없이 주위를 돌아보니 다들 시험범위 요약본을 들고 다니는 게 아닌가. 마치 무슨 족보라도 되는 양 싶었다. 출처를 물어보니 동기 녀석이 만든 것이란다. 아, 정말 부탁하기 싫었지만 도저히 어쩔 수 없었다.

"야, 너, 그거 있잖아."

"뭐?"

"그거… 그러니까, 그거 요약한 거."

여기까지 온 이상 더 이상 물러날 곳은 없었다. '에라, 모르겠다' 하는 심정이었다.

"야, 나도 한 부만 복사해주라."

친구는 순순히 복사를 해주었다. 그 요약본 덕택에 그 학기 꼴찌는 면할 수 있었다. 다음 학기가 되자 요약본을 부탁하기보다 직접 만드는 편이 좋겠다는 생각이 들었다. 내가 먼저 요약본을 만들어 돌리니 미안했던지 다른 친구도 다른 과목의 요약본을 만들어 돌리기 시작했고, 또 다른 친구가 또 다른 과목의 요약본을 만들어 돌리기에 이르렀다.

그 요약본들과 과감한 출석 상태 덕분에 나는 평점 4점이 넘는 경이로운 학점을 기록할 수 있었다. 물론 그다음 학기에는 다시 바닥을 깔았지만 말이다. 중요한 건 할 수 있다는 경험 아니겠나. 그리고 친구들이 만든 요약본은 내게 또 한 가지의 경험을 주었다.

'함께하면 함께할 일이 생기는구나.'

참 쉬운 말이지만 내게는 그리 쉽지 않은 문제였다. 하지만 그 일로 인해 나는 혼자 사는 것보다 함께 같이 가는 게 훨씬 편하고 보람되다는 것을 깨달았다.

공방에서 가구는 대부분 혼자 만든다. 하지만 혼자 하기 힘든 일이 있다. 특히 처음 나무를 재단할 때 온장의 커다란 나무를 옮기는 일이 그렇다. 그런데 이 나무를 재단기에 옮겨놓고 보니 이것 역시 혼자가 아니다.

모으고 연결해 나무가 되다

재단기에 올려진 나무를 바라본다. 길게 쪼개진 나무들이 붙어 있다. 집성목이기 때문이다. 집성목은 같은 수종의 나무 여럿을 이어 붙여 만든 판재다. 나무 이어 붙이는 작업을 집성이라고 하는데, 집성은 솔리드와 핑거 방식으로 이루어진다. 솔리드는 평평한 면을 이어 붙이는 것이고, 핑거는 손가락을 깍지 낀 것처럼 지그재그로 모양을 만들어 붙이는 것이다.

가구의 넓은 면을 얻기 위해서는 긴 폭의 나무가 있어야 한다. 하지만 한 그루의 나무에서 그렇게 넓은 판재를 얻기란 쉽지 않다. 아니, 그런 나무를 보는 것조차 어려운 상황이다. 그러니 집성을 할 수밖에 없다.

폭이 좁고 긴 나무만으로는 할 수 없는 일들이 있다. 하지만 그 나무들이 모여 넓은 면을 이루면 다양한 가구를 만들 수 있다. 혼자가 아니라 함께이기 때문에 가능한 일이다. 인테리어 공사에서 혼자 페인트칠을 하고 가구를 만들었다면 쉽게 지쳐 쓰러졌을지 모른다. 그러나 함께 모여 힘을 합치니 지치지 않고 일을 끝낼 수 있었다. 물론 혼자서 자신의 집을

클램프로 고정시켜 집성하고 있는 모습.
혼자가 아니라 함께이기 때문에
가능한 일이 있다.

손수 지었다는 사람들도 본다. 그 가치는 무엇보다 클 것이다. 하지만 우리 삶은 연결되어 있다.

나는 그것을 잘 모르고 살았다. 삶이란 아무도 대신해줄 수 없는 것이기에 모든 것을 혼자 짊어져야 한다고 생각했다. 하지만 살아가면서 많은 아픔을 느끼고 그 아픔을 위로해주는 친구들을 볼 때마다 그런 생각을 수정할 수 있었다.

중국에 있을 때 실연의 아픔으로 몸부림치는 날이면 동생들이 밤마다 나와 술잔을 기울여주었다. 내가 마시는 술을 혼자 당할 수도 없고 또 각자 해야 할 일들이 있었기에 모두가 나와 함께할 수는 없었다. 그래서 동생들은 시간을 맞추어 조를 짰다. 그래서 오늘은 누구와 누구가 나와 술을 마시고, 다음 날은 또 누구와 누구가 나와 함께 있어주었다. 덕분에 나는 외롭지 않았다.

우리가 폐인들이라고 불렸어도 우리에게는 남다른 것이 하나 있었다. 그것은 '의리'였다. 우리는 기쁜 일보다 슬픈 일에 함께하고자 했다. 친구 아버님이 돌아가셔서 완도까지 가야 할 때가 있었다. 학기중이었고, 거리가 멀어 갈 엄두를 내지 못하고 있었다. 그때 친구 중 유일하게 르망이라는 차를 소유했던 친구가 분연히 일어났다.

우리는 그 차를 타고 상을 당한 친구를 찾았다. 친구를 위로하고, 함께 널브러졌다. 그리고 돌아오는 길에 속도위반으로 딱지를 떼게 되었다. 운전하던 친구가 교통경찰에게 친구 상갓집에 갔다 오는 길이라며 사정을 했다. 교통경찰은 낡고 좁은 차에 다섯 명이 포개 있는 모습을 보더니 그냥 가라고 했다.

반대의 경우도 있었다. 부산에 사는 친구가 결혼을 한다고 했다. 하지만 아무도 그 결혼에 가겠다는 사람이 없었다. 의리로 유명한 르망의 소유자조차 절대 가지 않겠다고 했다. 친구들에게 인심을 잃었기 때문이다. 결국 결혼식에 참석한 친구는 내가 유일했다. 그 친구는 그동안 함께하려는 마음이 없었다. 혼자만 잘될 생각을 했다. 함께하지 않고 나누지 않으면 쓸쓸해진다. 고독해진다.

제나라 선왕이 물었다. "문왕의 동산이 사방 70리라고 하는데 그런 일이 있습니까?"
맹자가 대답했다. "옛 기록에 그러한 것이 있습니다."
제 선왕이 말했다. "그처럼 컸습니까?"
맹자가 말했다. "백성들은 오히려 작다고 여겼습니다."
제 선왕이 말하기를, "과인의 동산은 사방 40리인데도 백성들이 오히려 크다고 여기는 것은 어째서입니까?"

맹자가 말했다. "문왕의 동산은 사방 70리이지만 꼴 베고 나무하는 사람과 꿩 잡고 토끼 잡는 사람과 함께 썼으니 작다고 하는 것이 당연하지 않습니까?"

– 《맹자孟子》 〈양혜왕梁惠王〉 下

齊宣王問曰 : "文王之囿, 方七十里, 有諸."

孟子對曰 : "於傳 有之. 曰, 若是其大乎. 曰, 民猶以爲小也."

曰 : "寡人之囿, 方四十里, 民猶以爲大, 何也."

曰 : "文王之囿, 方七十里, 芻蕘者往焉, 雉兎者往焉, 與民同之, 民以爲小, 不亦宜乎."

제나라 선왕은 주나라의 성군이라 일컬어지는 문왕보다 자신이 더 낫다며 자랑하고 싶었을 것이다. 문왕의 동산은 70리이지만 자신은 40리에 불과하다고 했다. 하지만 백성들에게 중요한 것은 동산의 크기가 아니었다. 문왕의 동산은 70리였지만 그 동산을 백성과 함께 썼기에 백성들은 그것을 작다 여겼다. 제 선왕의 동산은 40리이지만 왕 혼자 그것을 썼기에 백성들은 그것이 크다고 여겼던 것이다.

백성들은 제나라 선왕의 동산에 들어갈 수 없었다. 그 동산의 사슴을 죽이면 사람을 죽인 것과 같은 형벌로 다루어질 정도였다. 맹자는 그 동산을 일컬어 나라 한가운데 있는 함정이라고 말했다. 잘못 들어가면 죽음을 당할 수도 있는 함정이 40리나 되니 백성들은 그것이 크다고 여기지 않을 수 없었다.

문왕과 선왕의 차이는 간단하다. 나누느냐 나누지 않느냐. 함께하느냐 함께하지 않느냐. 함께하면 서로가 기쁘다. 함께하지 않으면 그것은 함정이 된다.

나눌 것이 많아서 나누는 것이 아니다. 나누는 것이 좋고 함께하는 것이 기쁘기 때문에 그런 행동을 하는 것이다. 나누지 않고 살았던 친구는 나눌 것이 생겨도 나눌 사람이 없을 것이다. 그 중심에 함께하려 하지 않았던 마음이 있다.

모자라기 때문에 같이한다

내가 누군가에게 도움을 청한다는 것은 내게 그것이 모자라기 때문이다. 무언가를 나누고 싶지 않은 것은 그것을 혼자 가지고 싶은 욕심 때문이다. 하지만 함께하면 더 큰 일을 할 수 있고 함께 나누면 더 큰 것을 얻을 수 있다.

나는 나의 모자람을 비치기가 싫었다. 반은 부끄러움이었고 나머지 반은 허세였다. 결국 뭐든지 잘하는 사람으로 보이고 싶은 마음에 모자란 부분을 감춘 것이었다. 도움을 청하게 되면 결국 내 비어 있는 곳을 보이게 될 터이니 말이다.

집성목을 볼 때도 그런 마음이 있었던 것 같다. 때때로 집성목이 원목이냐고 묻는 사람들이 있다. 집성목도 원목이다. 다만 이어 붙인 원목일 뿐이다. 집성목은 모자란 부분을 서로 채워 하나의 몸을 이룬다. 그것은

혼자 가면 어느 순간 혼자 버려질 것이다.

부끄러운 일이 아니다. 오히려 기뻐해야 할 일이다. 모자란 부분이 있어 함께할 수 있다. 비어 있는 부분이 있기에 채울 수 있다.

서른 개의 바퀴살이 하나의 바퀴통에 집중되어 있다. 그 아무것도 없는 공간에 수레바퀴의 유용성이 있다. 진흙을 이겨서 그릇을 만든다. 그 아무것도 없는 공간에 그릇의 유용성이 있다. 지게문과 창문을 뚫어 방을 만든다. 그 아무것도 없는 공간에 집의 유용성이 있다. 그러므로 무엇인가 있는 것에서 이로움을

얻는 것은 그것의 아무것도 없는 유용성이 근본에 있기 때문이다. - 《도덕경》 11장
三十輻共一轂, 當其無有車之用, 埏埴以爲器, 當其無有器之用, 鑿户牖以爲室, 當其無有室之用, 故有之以爲利, 無之以爲用.

통으로 된 바퀴는 얼마 가지 않아 부서지고 말 것이다. 그릇을 만드는 이유는 그릇에 무엇인가를 채우기 위함이다. 집을 짓고 방을 만드는 것 역시 그 안에 들어가 살기 위함이다. 유형의 무언가를 만드는 것은 그 안의 비어 있는 공간을 얻기 위함이다.

나는 형체에만 집착했다. 그것을 어디에 쓸지 생각하기보다 그것이 어떻게 보일지를 더 염려했다. 때문에 비어 있음을 부끄러워했고, 부끄러움에 함께하려는 생각을 하지 않았다. 비어 있어야 채울 수 있고 채우기 위해 또 존재하는 것이 있음을 깨닫지 못했다. 모자라기 때문에 함께할 수 있고, 또 함께해야 모자란 부분이 채워짐을 알지 못했다. 그리고 또 한 가지, 모자라지만 함께할 수 있는 마음을 가져야 한다. 공자는 이렇게 말한다.

공자가 말했다. "덕은 외롭지 않다. 반드시 이웃이 있다." - 《논어》 〈이인里仁〉
子曰 : "德不孤必有隣."

잠시 외로울 수 있다. 그러나 덕을 갖춘 사람에게는 그를 따르는 사람이 있고 그와 함께해 주는 사람이 있다. 그 사람들과 더불어 덕은 더욱 퍼져나가고 빛이 난다.

함께할 수 있는 것은 덕을 갖추었기 때문이다. 이기심과 오만, 아집으로 점철된 사람에게는 이웃이 없다. 이 세상을 바꾼 이들은 혼자이지 않았다. 함께하는 수많은 사람들이 있었기에 세상은 조금씩 변할 수 있었다. 혼자서 할 수 없는 일을 하게 하는 것이 '함께'다. 함께하기 위해서는 함께할 수 있는 마음을 가져야 한다.

공방에서 가끔 집성을 할 때가 있다. 이어 붙이면 훨씬 쓸모가 있어지기 때문이다. 자칫 버려졌을 나무도 집성의 과정을 통해 버젓한 가구로 거듭난다. 함께하고 채우고 또 같이 가는 길을 집성을 하며 배운다.

삶이란 모자란 부분을 채워나가는 과정이라고 생각한다. 세상에 가득 차 있는 사람이 있을까? 있을지도 모르지만 우리는 대부분 모자라다. 그래서 또 함께할 수 있다. 나 혼자가 아니라 함께할 때, 그때서야 아픔은 덜어지고 기쁨은 더해진다.

이번엔 자투리 나무로 집성을 해봐야겠다. 큰 조각들이 아니어서 넓은 판재를 얻진 못하더라도 모니터 받침대 하나는 만들 수 있을 것 같다. 따로 떨어져 있으면 하지 못할 일들도 이들이 모이면 할 수 있으리라.

"같이 가자!"

2막

삶을 바꾸는 공구들

방황, 그것은 아무것도 아니다

1장 • **분도기** 지금 나는 어디로 가고 있는 것인가

2장 • **톱** 그 길을 알고 집중하고 마음을 다하라

3장 • **비트** 무엇이 아니라 어떻게 쓰느냐이다

4장 • **루터테이블** 실수를 통해 배워라. 실수는 스승이다

5장 • **직각자** 직각은 모두에게 직각이어야 한다

6장 • **대패** 껍질을 까고 새로운 세계로 나아가라

후회하고 참담해하고 의심하고 돌아보는 것이 사람이다.

사람이기 때문에 그러하다.

삶이란 오차 없이 사는 것이 아니라 편차를 줄여나가는 과정이다.

가끔 내가 어디로 가고 있는지 반문할 때가 있다.

내 삶의 각도를 물을 때도 있다.

구부러지고 경사져 금방이라도 쓰러질 것처럼 위태로울 때도 있다.

왜 그럴까 생각해본다.

내가 어디쯤 있는지, 어디로 가고 있는지 모르기 때문이다.

1장

분도기

지금 나는 어디로 가고 있는 것인가

인생은 방황이다

이미 수업 시작 시간에서 10분이 지났다. 하지만 교수는 아직 강의실에 오지 않았다. 주위에서는 즐거운 술렁임이 시작되었다.

"이거 휴강 아니야?"

한둘씩 가방을 챙기기 시작했다. 나는 혼자 침음했다. 갈등이 시작된 탓이었다. 그때 강의실 문이 열리고 교수가 들어왔다. 그랬다. 휴강이 아니라 그 수업은 늦게 시작하기로 유명했던 것뿐이다. 그 후 우리도, 교수도 수업 시작 시간을 항상 지나쳤다.

그러던 어느 날이었다. 15분을 넘기고도 교수가 나타나지 않았다. 뭐, 조금 더 늦나 했다. 20분이 지나자 이번엔 정말 휴강이라고 생각했다. 이미 많은 가방이 책상에 놓였지만 안심할 순 없었다. 엉덩이를 떼고 일어나려는 찰나 문이 열렸다. 들어오자마자 교수는 이런 말을 했다.

"인생은 방황인 것 같아요."

난데없이 웬 방황? 교수는 다시 말을 이어나갔다.

"내가 오늘 2층과 3층 사이에서 방황을 했어요. 강의실이 2층인지 3층인지 몰라서 2층에 갔다 3층에 갔다 한참을 헤맸어요. 역시 인생은 방황이에요."

중간고사가 거의 다가올 즈음이었는데 아직까지 강의실을 몰라 헤맸다는 말이다. 그냥 웃고 넘길 수도 있는 이야기인데, 그 말은 내게 각인되어 오래도록 남았다. 이후 살아가면서 인생이 방황임을 되뇌고 되뇌었다.

지금까지 내 삶에 대해 말하라면 몇 가지로 말할 수 있을 것 같다.

'그날이 그날 같았다.'

누군가 내게 "요즘 어떻게 지내?" 하고 물으면 대부분 이렇게 대답한다. 그날이 그날 같다고. 이상하게 매일 다른 일을 하고 다른 것을 보는데도 나는 그날이 그날 같다고 말한다. 어느 순간부터 나는 내게서 빠져나오지 못하나 보다. 이 말은 내가 행하는 거의 모든 것들이 자신의 예상에서 빗나가지 않는 것들이기 때문에 나온 것이라 생각한다.

다른 말로 삶을 설명하면 무엇이 있을까?

'취생몽사醉生夢死.'

취해 살고 꿈꾸며 죽듯 인생의 대부분을 술 먹고 술 깨는 데 보냈다.

대학에 들어가고부터 군대에 있었던 날들을 제외하면 거의 매일 술을 마셨고 지금도 그러고 있다. 심지어 군대에서는 술 때문에 영창대기를 한 것은 물론 전날 너무 많이 마신 술 때문에 제대를 못 할 뻔하기도 했다. 어떤 때는 장염에 걸리고도 술병으로 오인하여 그냥 넘어가기도 했다.

그럼 마지막 말을 하나 더 찾아보자.

'내 인생은 방황이다.'

이 말은 필연이자 아이러니다. 그날이 그날 같은 인생을 살면서 나는 방황하고 있다.

늦게 일어나 무언가를 하고 일찍부터 술을 마시는 내 하루는 그날이 그날이다. 하지만 하는 그 무언가가 다르고 그때의 생각이 다르고 만나는 누군가가 다르다. 끊임없이 고민하고 이쪽저쪽을 헤매니 모든 그날에도 나는 방황하고 있는 것이다. 그리고 인생은 방황일 수밖에 없다.

자신의 인생을 설계한 대로 내달리는 사람이 얼마나 될까? 그렇게 쭉 달린다 해도 마음에는 얼마나 많은 갈등과 회의가 있을까? 사실 내겐 큰 계획이 없었는지도 모른다. 그저 하고 싶지 않은 일을 최대한 피해가며 사는 게 나의 큰 바람이었다. 가만히 생각해보니 장래희망이나 꿈을 써보기도 했던 것 같다.

초등학교 4학년 때 장래희망을 '재벌집 사위'라고 했다가 담임선생님에게 크게 혼이 났다. 대학 때는 만화 가게 주인을 꿈꾸었고 한때는 헌책을 파는 찻집 주인이 되고 싶었다. 하지만 무엇을 하든 몸은 그 길을 따르지만 마음은 항상 방황하고 있었다. 그런데 방황에도 길이 있다는 생각이 든다. 어쨌든 나는 어떤 방향을 향해 나아가고 있다.

이것은 가구에 각도를 주는 것과 비슷하다. 물론 가구에 꼭 각도를 줄 필요는 없다. 그건 선택 사항이다. 하지만 항상 직각인 가구가 재미없게 느껴질 때도 있다. 가구의 역할을 다할 수 있다면 각도를 주는 것도 나쁘지 않다. 가구의 각도를 방황이라고 말할 순 없겠지만 나는 이렇게 풀어보고 싶다.

각도가 있어 서 있는 것들

가구는 지면과 직각으로 서 있다. 그러나 가구의 다리가 모두 직각으로 뻗어 있는 것은 아니다. 5도를 기울인 다리도 있고 15도를 기울인 다리도 있다. 다리가 비스듬해도 식탁은 상판을 평평히 지탱하고 의자는 사람을 앉히고 책장은 책을 이고 산다.

눈에 보이는 것은 다리의 기울기이지만 다리는 삼각형의 앵글을 이루어 가구를 떠받친다. 15도의 다리라면 여기에 75도와 90도의 각도가 숨어 있는 것이다. 어떤 기울기를 선택해도 삼각형 내각의 합인 180도를 벗어날 수 없다. 그런데 많은 사람들은 보이는 기울기에만 집착한다.

가끔씩 연애 상담을 청하는 동생들이 있다. 그때 많이 듣는 이야기 중

하나가 이것이다.

"오빠, 그 사람이 나를 좋아하는 것보다 내가 그 사람을 좋아하는 정도가 더 큰 것 같아."

좋아하면 좋아하는 것이지 누가 더 좋아하는 게 무슨 문제란 말인가? 하지만 이런 대화는 쉽게 끝나지 않는다.

"그게 문제니?"

"아니, 그게 문제라는 게 아니라."

"그럼 뭐가 문젠데?"

"속상하고 억울해서 그러지."

뭐, 그럴 수도 있겠다는 생각이 든다. 속상하고 억울한 거 말이다. 하지만 저런 고민을 하고 있다는 것은 아직 잘되고 있다는 뜻이다. 곧 끝이 날 경우에는 저런 고민 따위 하지 않는다. 그걸 알지만 무슨 이야기라도 해야 하는 게 또 나의 입장이다. 나는 젓가락 두 개를 집어 든다.

"네가 더 좋아한다는 건, 네가 더 그 사람에게 기울어져 있다는 거지. (젓가락 하나를 다른 젓가락 쪽으로 기울인다.) 이 사람은 너보다 덜 기울어져 있고. 그런데 말이야, 어찌되었든 그 사람도 너한테 조금이라도 기울어져 있으니 둘이 서 있는 게 아닐까? (기울인 젓가락 두 개를 붙인다.) 한쪽이 90도라면 금방 무너질 테고, 반대쪽으로 기울어져 있다면 벌써 넘어졌을 테니 말이야. 기울기는 왔다 갔다 할 거야. 중요한 건 아직 서 있다는 거지."

나는 내 설명이 그럴싸하다고 생각했는데 상대는 이해하지 못하는 표정이었다. 뭐 내가 하는 일이 늘 그렇다. 하지만 가구도 그렇지 않은가?

중요한 것은 가구의 다리가 15도인가 20도인가 하는 문제가 아니라 그 기울기가 가구를 떠받칠 수 있나 없나 하는 문제다. 가구를 지탱할 수 있다면 각도는 선택일 뿐이다. 누구의 각도를 부러워할 필요도, 자신의 각도를 부끄러워할 필요도 없다. 대신 필요한 것은 각도를 볼 수 있는 눈과 다른 사람의 각도에서 배우고자 하는 자세다. 그런데 자신의 각도를 모른다면 어떨까? 가구를 지탱하는 네 개의 다리가 서로 다른 각도로 서 있다면 어떨까? 삶이 무너지는 것처럼 가구는 쓰러지고 말 것이다.

그럼 이제 내가 원하는 각도로 가구를 만들어보자. 그런데 이때 하나의 공구가 필요하다. 바로 분도기다. 반원형의 판에 길쭉한 자가 달려 있는 분도기는 각도를 측정하고 계산할 때 쓰인다. 반원형의 판에 180도의 눈금이 새겨져 있어 곧게 뻗은 자를 움직여 각도를 맞추면 된다. 분도기를 이용하면 모르던 각도를 측정할 수 있을뿐더러 원하는 각도로 선을 그을 수도 있다.

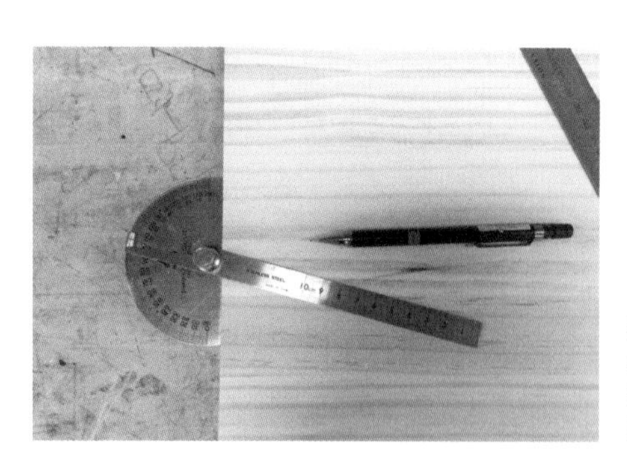

분도기는 각도를 계산하고 측정하는 데 쓰인다. 반원형의 얇은 판에 180도의 눈금이 새겨져 있고 자를 움직이면 각도가 맞춰진다.

분도기가 있어 편리하게 여러 각도의 가구를 만들 수 있다. 목공에서 분도기는 각도를 알려주는 길잡이인 셈이다. 하지만 분도기는 각도를 알려줄 뿐 각도를 제시하지는 않는다. 분도기를 통해 내가 만들고 싶은 다리의 각도를 맞출 수는 있어도 분도기가 각도를 정해주지는 않는 것이다. 분도기가 알려주는 것은 각도이지 각도의 옳고 그름이 아니다.

분도기는 하나의 고정된 각도가 아니라 다양한 각도를 측정하고 계산해서 그만큼 다양한 모습을 보여주기 위해 존재한다. 중요한 것은 몇 도인지가 아니라 몇 도인지 아는 것이다. 절대적인 하나의 길이 있어 그 길을 따라야만 하는 것이 아니라 내가 어디로 가고 있는지, 어디쯤 와 있는지를 아는 것이 중요하다.

길잡이가 길은 아니다

사람마다 길을 가는 방법은 다르다. 길을 떠나는 이유도 다르다. 자동차를 이용하는 사람도 있고 기차를 타는 사람도 있다. 목적지에 도착하는 것을 목표로 삼는 사람이 있고 목적지로 가는 과정을 중요하게 생각하는 사람도 있다. 나는 어떤 방법과 이유로 길을 떠날까?

우선 나는 차도 면허도 없으니 걷거나 대중교통을 이용해야 한다. 그래서 몇 정거장 떨어진 마트에 갈 때면 커다란 배낭을 메고 간다. 마트에 가는 행위에는 무엇을 사기 위해서라는 분명한 목적이 존재한다. 하지만 인생이라는 커다란 항해를 생각하면, 나는 얼마 전부터 목적보다는 과정에 더 큰 방점을 두고 있는 듯하다. 사실은 목표 자체가 즐겁게 살다 가는 것이다. 그럼 내가 목표와 과정이 일치하는 쾌거를 이루었단 말인가? 절대 그렇지 않다. 그렇게 살고 싶지만 그렇게 되지 않으니 방황하는 것 아니겠나.

여기서 변하는 것과 변하지 않는 것을 이야기해보자. 나는 즐겁게 살고자 하는 목표를 향해 즐거운 방향으로 살려고 한다. 하지만 내가 즐거운 일이 다른 사람에게도 즐거운 것은 아니다. 사람마다 목표가 다르고 추구하는 바가 다르니 나와 같은 목표를 가진 사람이 나와는 다르게 살 수도 있다. 그러나 그런 목표를 가지지 못하면 그곳을 향해 나아갈 수 없다. 삶에는 길잡이가 있어야 하지만 같은 방법으로 갈 필요는 없다는 말이다.

북극성을 예로 들어보자. 옛사람들은 바다를 항해할 때 북극성으로 방향을 가늠했다. 북극성은 사람들에게 방향을 알려주는 길잡이였다. 북극성에는 두 가지 의미가 있다. 첫 번째는 변하지 않는다는 것이다. 각도는 변하지만 삼각형 내각의 합이 180도라는 사실은 변하지 않는다. 다리의 기울기는 변하지만 다리가 가구를 받쳐야 한다는 사실은 변하지 않는다. 길은 달라도 길을 걷는다는 사실은 변하지 않는다. 분도기의 각도는 변하지만 분도기가 있어 각도를 잰다는 사실은 변하지 않는다. 이것을 넓혀보면 삶의 원칙이나 사회의 당위로까지 확대된다. 그래서 공자는 이렇게 말했다.

덕으로 정치를 하는 것은 비유하자면 북극성이 그곳에 자리하고 있어 뭇 별들이 그를 둘러싸고 도는 것과 같다. – 《논어論語》〈위정爲政〉

爲政以德, 譬如北辰, 居其所, 而衆星共之.

공자는 정치를 별자리에 비유했다. 덕이라는 것은 북극성처럼 정치의 중심이 되어야 하는 지고의 가치다. 북극성은 또한 지극함을 의미한다. 지극한 덕으로 다스릴 때 백성은 평안해지고 나라는 부강해진다.

북극성의 두 번째 의미는 길잡이에 있다. 분도기가 각도의 길잡이가 되는 것처럼 북극성은 삶의 방향을 알려주는 길잡이가 된다. 북극성은 길이 아니라 길잡이다. 남쪽으로 가는 사람은 북극성을 통해 반대의 길을 찾고 서쪽으로 가는 사람은 북극성을 통해 왼쪽으로 방향을 튼다. 북극성을 보고 북쪽으로 간다 해도 사람들이 가는 길은 모두 다르다. 서 있는 위치가 다르기 때문에 북쪽을 향해 직진한다 해도 같은 길을 걸을 순 없다. 북극성은 길을 알려줄 뿐 방향 그 자체가 되지 않는다.

하나의 일을 하는 방법은 다양하다. 목적지가 같아도 그곳까지 가는 방법은 다양하다. 어떤 방법으로 그곳에 갈지는 그 사람의 선택이다.

공손추는 만장과 더불어 맹자의 뛰어난 제자 중 하나로 알려져 있다. 공손추가 맹자에게 물었다.

공손추가 물었다. "백이와 이윤은 어떠하였습니까?"
맹자가 말했다. "같지 않았다. 자기 임금이 아니면 섬기지 아니하고 자기 백성이 아니면 부리지 아니하며 나라가 태평하면 나아가 벼슬하고 혼란하면 물러나 들어앉는 것이 백이였다. 누구를 섬긴들 임금이 아니고 누구를 부린들 백성이 아니겠나, 하며 나라가 태평해도 나아가 벼슬하고 혼란해도 나아가 벼슬하는 것이 이윤이었다. 나아가 벼슬할 만하면 벼슬하고, 그만두어야 할 만하면 그만두며, 오래 있을 만하면 오래 머물고 빨리 떠날 만하면 빨리 떠나가는 것이 공자였다. 이들은 다 성인이었다. 나는 아직 그렇게 할 수 없지만 공자를 본받는 것이 소원이다." – 《맹자孟子》 〈공손추公孫丑〉 上
曰 : "伯夷伊尹何如."
曰 : "不同道, 非其君不事, 非其民不使, 治則進, 亂則退, 伯夷也. 何事非君, 何使非民, 治亦進 亂亦進, 伊尹也. 可以仕則仕, 可以止則止, 可以久則久, 可以速則速, 孔子也. 皆古聖人也, 吾未能有行焉, 乃所願則學孔子也."

은나라 고죽국 왕자였던 백이는 주나라 무왕이 은나라를 멸하자 그것은 인의仁義가 아니라며 수양산에 들어가 고사리로 연명했다. 그러나 한 포기 고사리 역시 주나라 땅의 것이라며 굶어 죽었다. 이윤은 상나라를 건국한 탕왕을 도와 하나라를 멸망시키고 탕의 아들인 외병과 중임을 연달아 모셨다. 그러나 탕의 손자인 태갑이 왕위에 올라 정사를 돌보지 않자 태갑을 축출하고 3년간 정사를 돌보았다. 하지만 태갑이 뉘우치자 다시 자리를 돌려주었다. 백이와 이윤은 명분이 다르다. 북극성도 다르다. 백이는 어떻게 오른 왕인가를 실천의 지침으로 삼았고 이윤은 왕이 누구인지가 아니라 어떻게 다스려야 하는지에 집중했다. 비슷한 상황에서 서로 다른 선택을 했지만 맹자는 백이와 이윤을 성인이라 칭했다.

맹자는 공자를 닮고 싶다 했다. 그건 공자가 때에 미쳐 자신을 결정하는 중용을 행했기 때문이다. 또한 공자에게는 용기가 있었다. 공자는 "스스로 반성해서 옳지 않으면 비록 남루한 옷을 입은 천인에게도 두려워하지 않을 수 없지만 스스로 반성해서 옳다면 아무리 천만인이라 할지라도 나는 가서 그들과 대적하겠다"고 했다.

나의 각도가 옳다고 여긴다면, 내가 가는 방향이 맞다고 여긴다면 가는 것이다. 그러나 지킬 것은 분명히 지켜야 한다. 끊임없이 방향과 각도를 고민하며 수정하기를 두려워하지 않아야 한다. 두려워해야 할 것은 수정이 아니라 수정하지 않으려는 마음이다. 그리고 다른 사람의 각도를 존중할 수 있어야 한다.

좌표 수정하기를 두려워하지 마라

시쳇말로 사진을 찍는다고 좀 깝죽대본 적이 있다. 창대한 꿈을 가지고 시작했으나 결국 아주 미미하게 끝나버렸다. 첫 번째 이유는 돈 때문이었다. 비싸도 너무 비쌌다. 두 번째 이유는 내가 부지런하지 않음을 넘어서는 지독한 게으름뱅이기 때문이었다. 보통 사진을 찍는다고 하면 렌즈를 몇 개는 가지고 다닌다. 비록 싸구려지만 내게도 몇 개의 렌즈가 있었다. 그런데 사진을 찍을 때마다 렌즈를 바꿔 끼우는 것이 그렇게 귀찮을 수가 없었다. 게다가 찍고 난 사진을 컴퓨터에 옮기고 뽑아야 하는데,

나는 그것도 귀찮아서 하지 않았다.

하지만 사진을 찍으며 느낀 것이 있다. 눈앞에 하나의 피사체가 있다고 하자. 이 피사체는 움직이지 않는, 고정된 사물이다. 그러나 고정되어 있는 피사체를 놓고 저마다 다른 사진을 찍는다. 그건 피사체가 아니라 사람이 움직이기 때문이다. 위에서 찍느냐, 아래에서 찍느냐, 옆에서 찍느냐에 따라 피사체는 다른 모습을 보여준다. 다른 각도로 찍으면 다른 모습이 나온다. 그러나 누구도 자신이 찍은 각도가 옳은 것이라고 단정할 수 없다. 그 사람의 시선이 머무는 그곳에 그 사람의 지향이 있기 때문이다. 다른 사람이 찍은 다른 각도의 사진을 보며 내가 보지 못했던 또 다른 일면을 알게 된다. 내 좁은 화각을 탓하게 되고 편향된 시각을 깨닫게 된다.

화각은 렌즈에만 있는 것이 아니다. 우리 눈에도 화각이 있다. 리처드 도킨스는 《만들어진 신》에서 우리의 시각이 부르카를 입은 아랍 여성이 바라보는 세상처럼 좁지 않은가 반문한다. 온몸을 뒤덮고 있는 부르카는 눈만을 남긴다. 그렇다고 시야가 자유롭게 확보되는 것도 아니다. 부르카와 눈 사이의 이격 거리는 시야를 좁히고 만다. 좁은 시야는 좁은 시각을 만들고 그 시각은 각도를 한정시킨다. 한정된 각도로는 한정된 것을 만들 수밖에 없다.

나 보고 좀 특이하다고 말하는 사람이 있다. 난 전혀 그렇게 생각하지 않지만 다른 각도에서 보면 그렇게도 보이나 보다. 그런데 다시 생각해 보면 그들이 정해진 길, 정해진 목표를 향해 나아가고 있기 때문은 아닐

내가 갈 길을 모르면 북극성도 무용지물이다.

까? 나는 누군가 정해놓은 길을 따라가야 한다고 생각하지 않는다. 누군가 찍어놓은 좌표를 향한 맹목적인 돌진에서 자신을 찾을 수 있을까 반문해본다. 누구에게나 자신의 좌표가 있는 것 아니겠나. 같은 각도, 같은 방향으로 가고 있다면 발걸음을 멈추고 한 번쯤 생각해야 한다. 거기에 문제가 하나 더 있다.

아무리 북극성을 향해 키를 돌려도 우리는 북극성에 도달할 수 없다.

단지 그 길을 향할 뿐이다. 삶은 과정이다. 그런데 많은 사람들은 한 번 정한 좌표를 최종의 목적지로 여긴다. 나는 그것이 의문이다. 우리는 항상 그 목적지에 도달할 수 있을까? 목적지에 도달하면 모든 것이 끝일까? 그다음 목적지는 어디일까?

우리는 목적지에 도착하지 못할 수도 있다. 목적지에 도착했는데 그곳이 목적지가 아닐 수도 있다. 목적지라고 알았던 그곳이 단지 중간에 거쳐 가야 하는 곳일 수도 있다. 좌표는 끝이 아니다. 우리 삶에는 수없이 많은 점이 있고, 그 점이 서로 이어져 삶의 길을 이룬다.

우리에겐 수많은 각도가 있다. 고정되어 있는 피사체, 서 있는 산이 우리가 지켜야 할 기준이라면 그것을 어떻게 바라보고 해석하여 자신의 의미를 만들지, 이 부분은 우리에게 허락된 각도다. 각도를 안다는 것은 자신의 위치를 아는 것이다. 또 각도를 안다는 것은 자신이 어디서 뻗어 어디로 향하는지를 아는 일이다.

나는 가구를 만들 때 항상 다리를 직각으로 세워왔다. 각도절단기의 각도를 45도로 맞추는 경우는 액자를 만들 때뿐이었다. 다리를 기울여 세울 수도 있었지만 그러지 않았던 건 각도를 맞추는 번거로움을 피하기 위해서였다. 복잡하게 생각할 필요 없이 그저 해온 대로 관성처럼 그랬던 것이다.

하지만 그것은 어쩌면 두려움일지도 모르겠다. '혹시 잘못된 각도를 세우면 어떻게 할까?' 각도에는 옳고 그름이 없는데, 나는 그런 생각을 했다. 그래서 내 삶의 각도와 방향을 생각하는 데도 소극적이었을지 모른다. 걱정하고 염려하면서도 깊고 과감하게 시도하지 않았다.

그릇을 수납할 수 있는 아주 작은 상자에 조그만 다리를 붙여주기로 마음먹었다. 분도기로 재어보니 15도 정도가 무난할 듯 보였다. 너무 작은 다리이기에 각도절단기를 사용하기가 부담스러웠다. 분도기로 선을 긋고 톱으로 잘랐다. 짧은 거리임에도 반듯하게 잘리지 않았다. 그래도 각도 있는 다리를 만드는 것이 즐거웠다. 작은 상자의 양옆에 다리를 붙이니 왠지 흐뭇했다.

마치 가구를 만들며 새로운 좌표를 하나 더 찍는 느낌이었다. 가구를 만들며, 삶을 살며 수없이 많은 좌표를 찍을 것이다. 해보니 그렇게 어려운 일이 아님을 알게 되었다. 미리 겁을 먹었던 자신이 우습게 느껴지기도 했다.

"좌표 수정하기를 두려워하지 마라.
자신이 어떤 각도를 이루고 있는지 걱정할 필요도 없다.
우리에게는 수많은 분도기가 있다."

톱을 들 때면 두려움이 앞선다.

톱질은 인생의 행로와 같고 그래서 또 방황이다.

톱은 자신의 길을 가려 하고 나는 곧게 뻗은

연필 선을 따라 톱을 움직이고 싶다.

어르고 달래 보아도 톱의 저항이 만만치 않다.

으름장을 놓으면 톱은 도리어 어깃장을 놓는다.

2장

톱

그 길을 알고 집중하고 마음을 다하라

다시 하고 싶다. 톱질!

톱질을 하고 나니 막막하다. 이건 뭐 삐뚤빼뚤 거칠거칠, 누가 볼까 무서울 정도다. 그렇다고 다시 하자니 '그까이 거' 근성이 허락하지 않는다. 다시 할까? 아니, 그냥 갈까?

아니다. 다시 하자. 아이고, 처음부터 잘할걸.

그러고 보니 내 삶도 톱질과 닮았다. 다른 점이 있다면 톱질은 다시 할 수 있지만 삶은 다시 살 수 없다는 것이다. 다시 잘린 나무를 쳐다보니 그 모습이 마치 거울에 비친 내 삶의 단면인 것 같아 얼굴이 붉게 물든다. 돌아보면 지나온 내 삶의 결은 무척이나 거칠었다. 무엇을 하고자 하면 그 앞뒤를 따져보거나 하지 않았다. 무턱대고 덤벼들었고 그 과정에서도 마음을 다하려 하지 않았다. 마치 나무를 잘라도 원하는 모습을 얻지 못한 것과 같았다. 글 쓰는 것, 그것도 마찬가지였다.

무언가를 쓰려고 책상에 앉았는데 막막할 때가 있다. 한 문장을 써놓고 멍하니 있는 것이 하염없다. 분명 쓰기 전에는 일필휘지로 화면을 가득 채울 줄 알았는데, 의기충천은 바로 의기소침으로 바뀌고 만다. 왜 그럴까?

그냥 덤벼서 그렇다. 내가 무엇을 쓰려고 하는지, 어떻게 쓰려고 하는지, 그것이 어떤 의미인지 생각하지 않고 무작정 쓰겠다고 덤벼들었기 때문이다. 이런 경우가 생기는 이유는 대부분 한 구절 때문이었다. 머릿속을 관통하고 지나가는 멋진 한 구절로 화면을 가득 메우려고 하니 글이 써질 리 없었던 것이다. 하지만 또 거의 손에 꼽을 정도이지만 반대의 경우도 분명 있었다. 자, 그럼 자랑 좀 해보자.

대학원에서 석사 수료까지는 했는데, 논문을 쓰지 못했다. 논문을 쓰지 않으면 대학원에 다녔어도 졸업한 것이 아니다. 그냥 수료일 뿐이다. 벌써 7학기째가 되고 있었다. 내가 논문을 쓰지 못한 이유는 때를 놓쳐서였다. 때를 놓치고 나니 주제에 대해 관심이 멀어졌다.

그 전까지 나는 마을굿의 신화 구조를 분석하려고 했다. 그런데 시간이 좀 지나고 나니 재미가 없어졌다. 그래서 손을 놓았고, 그것이 벌써 두 해를 넘겨버렸던 것이다. 또다시 논문 심사의 계절이 왔을 때 과 사무실에서 발표를 하겠느냐고 물었다. 겨우 일주일이 남았는데 나는 써놓은 게 아무것도 없었다. 그런데 심사위원 중 한 교수가 출장을 가는 바람에 논문 발표가 일주일 더 연기됐다는 소식이 들려왔다. 일주일에서 이주일이라면 두 배의 시간이 남은 거였다. 하지만 나는 그때도 반신반의했다.

'2주라. 2주 만에 논문을 쓸 수 있을까?' 다시 마을굿의 자료를 뒤져보았다. 답이 없었다. 깨끗이 포기하려는 찰나 머리를 탁 치고 지나가는 생각이 있었다. 그때 나는 온라인게임의 시나리오 쓰는 일을 도와주고 있었다. 그 때문에 이런저런 게임을 조사하고 있었으며 그와 함께 판타지 소설에 대해서도 분석하고 있었다.

'이건 안 될까?' 의문이 들었다. 뭔가가 꿈틀거리기 시작했다. '왜 안 돼? 판타지 소설이나 온라인게임을 신화로 풀면 되지.' 그리고 생각이 연이어 떠올랐다. '신화 이론에 대해서는 여태까지 공부하고 쌓아둔 게 있으니 그 분석 대상을 마을굿에서 판타지 소설과 온라인게임으로 바꾸기만 하면 되잖아. 안 될 게 뭐 있어. 게다가 무협지 구조 분석도 했고.'

때마침 만주에서 일본침략기 시인 연구를 하던 친구도 방학을 맞아 한국에 들어와 있었다. 그 친구도 논문을 써야 하는 처지였다. 이에 우리는 2주간의 어마어마한 합숙에 들어갔다. 우리의 생활은 간단했다.

먼저 9시 정도에 일어난다. 밥을 간단히 차려 먹고 논문을 쓴다. 간혹 서로에게 참고가 될 만한 문헌이 있으면 보여주고 이야기한다. 점심을 먹고 논문을 쓴다. 저녁을 먹으며 9시까지 반주를 한다. 다시 새벽 1시까지 논문을 쓴다. 마지막에는 당구장에 가서 머리를 풀어준 다음, 하루의 피로를 풀기 위해 술 한 잔을 걸치고 잠자리에 든다. 다시 9시에 일어난다.

이 생활이 2주 동안 이어졌다. 그리고 무려 2주 만에 논문 초고를 완성하는 쾌거를 이루었다. 지금 생각해봐도 그때처럼 무엇인가를 미친 듯이 해본 적은 거의 없었던 듯하다. 아니 해보기는커녕 무사안일, 중도포기, 대충대충이었다.

그때 그 마음으로 톱질을 했으면 정말 다른 나무의 단면을 얻었을 것이다. 그때 그 마음으로 다른 일을 했으면 뭔가 달라졌을 것이란 생각도 든다. 그럼 그때 그 마음은 무엇이었을까?

먼저 '과녁'이다. 마을굿을 놓지 않았다면 논문을 쓰지 못했을 것이다. 나는 내가 하고 싶어 하는 주제를 향해 달렸다. 다음은 '알고 있음'이다. 주제를 바꾸었다 해도 신화 이론을 미리 공부하지 않았다면 논문을 쓰지 못했을 것이다. 신화 이론을 공부했더라도 판타지 소설과 온라인게임에 대해 몰랐다면 2주 만에 논문을 쓰지 못했을 것이다. 마지막은 '마음'이다. 집중했고 정성을 다했다. 그랬기에 훌륭한 논문은 아니어도 졸업할 수 있는 논문을 쓸 수 있었다. 이는 또한 톱질의 자세다.

활을 쏜 사람은 누구인가

톱에는 톱의 이치가 있고 나에게는 나의 이치가 있건만 그 이치를 놓칠 때마다 톱은 비뚤하고 괴상한 단면을 만들어낸다. 그러나 그 단면은 톱이 아니라 스스로가 만들어놓은 것이다. 마치 스스로가 만들어놓은 삶의 궤적처럼 말이다.

톱질을 할 때는 톱의 등과 길을 살피며 정확한 방향을 찾아가야 한다. 물론 재단기의 기계톱을 이용하면 훨씬 쉽고 빠르게 직선의 매끄러운 단면을 얻을 수 있다. 그러나 기계가 모든 일을 해주진 않는다. 돈으로 해결할 수 없는 마음의 일이 있는 것처럼 삶에는 누구도 대신해줄 수 없는 일이 있다.

손으로 하는 일, 사람이 하는 일에는 정성이 담겨야 한다. 그렇지 않으면 나무는 늘 비뚤해질 것이다. 그래서 톱질은 마음을 정성스럽게 하는 일, 즉 성심誠心의 작업이어야 한다. 그런데 이게 말처럼 쉽지 않다. 나도 그랬지만 처음 공방에 온 사람들은 톱을 쉽게 생각한다.

사람들은 톱이 가장 친숙한 공구 중 하나이기에 제일 익숙하게 사용할 수 있을 것이라 여긴다. 칼로 종이 자르듯 쓱싹쓱싹 움직이면 나무가 마음대로 잘릴 것처럼 생각한다. 하지만 금방 선을 벗어나는 톱에 당황하여 망연한 표정을 짓고 만다.

아니면 시작도 못하는 경우가 있다. 처음부터 있는 힘을 다해 톱을 누르고 당기려 하면 톱은 움직이지 않는다. 처음엔 힘을 빼고 슥, 톱의 길을 열어주어야 한다. 슬금슬금 움직여 길을 잡으면 쓱싹쓱싹 움직여야 한다. 그러나 처음부터 그저 강하게 당기려 하면 톱은 멈추고 만다. 무슨 일이라도 그렇다. 시작부터 창대한 일은 없다. 처음은 결과를 예비한다.

길이 잡혔다 해도 집중하지 않으면 톱은 또 옆길로 새기 일쑤다. '톱은 왜 선을 벗어날까?' 제일 먼저 해야 할 질문은 이것이다. 하지만 질문의 방향은 엉뚱한 곳으로 흐르고 만다. 반듯이 잘리지 않는 이유를 먼저 생각해야 하는데, '이 톱은 왜 이러지?', '이 나무는 왜 이러지?' 하는 의문을 품는다. 이건 사태를 해결하는 길이 아니라 희생양을 통해 자신을 보호하려는 마음이다.

그다음에 일어나는 현상은 아주 간단하다. 먼저 톱을 이리저리 뜯어본다. 고개를 갸웃거리다 다른 톱을 가져온다. 톱을 바꾸고도 진전이 없으면 이번엔 나무를 뜯어본다. 사람들은 자신의 마음을 살피지 않고 쉽게 톱을 원망하고 나무를 탓한다.

자신을 바르게 하고 남에게 구하지 않으면 곧 원망이 없으니, 위로는 하늘을 원망치 아니하고 아래로는 다른 사람을 탓하지 않는다. 까닭에 군자는 쉬움에 거하며 명命을 기다리고, 소인은 위험을 행하며 요행을 기대한다. 공자는 활쏘기는 군자와 비슷함이 있으니 정곡을 잃으면 돌이켜 그 자신에게서 구하는 것이라고 했다. -《중용中庸》

正己而不求於人, 則無怨, 上不怨天, 下不尤人. 故君子居易以俟命, 小人行險以徼幸. 子曰射有似乎君子, 失諸正鵠, 反求諸其身.

공자는 활쏘기와 군자에 비슷함이 있다고 했다. 활을 쏜다. 명중시킬 줄 알았던 화살이 과녁을 비켜간다. 그것이 어디 활과 과녁의 탓이랴. 활의 강도에 따른 비거리와 바람의 방향, 그리고 과녁의 위치를 계산하지 못한 탓이리라. 정확히 조준하지 않았기에 화살은 과녁을 벗어난다. 아니면 다른 변수를 극복할 수 있을 만큼 강한 힘을 활에 싣지 못한 탓이다. 조준을 한 사람, 활을 쏜 사람은 누구인가? 바로 자신이다.

과녁은 움직이지 않는다. 톱도 같은 톱이고 나무도 같은 나무다. 그런데 누구는 명중이고 나는 불발이다. 또 누구의 나무는 매끈하고 내 나무는 엉망이다. '내 탓이오'라는 말을 별로 좋아하지 않지만 그건 어쩔 수 없는 내 탓이다.

내가 살아온 길도 다르지 않았다. 그 굴곡진 삶을 결정한 최후의 결정권자는 나였다. 옆에서 조언을 해주었을 것이고 말리기도 했을 것이며 격려도 있었을 것이다. 그러나 그런 모든 것에 상관없이 그 길을 걸은 당사자는 나였다. 과녁을 정한 자도, 활시위를 당긴 자도, 그리고 활을 쏜 자도 바로 나였다.

석사 논문은 그렇게 썼지만 다른 일은 그렇게 하지 못했다. 그래서 잠시 매끈한 단면을 얻었지만 또다시 비뚤고 거칠게 나무를 잘라왔다. 이제 내가 항상 하지 못해 아쉬웠던 삶의 자세를 이야기해봐야겠다.

격물치지성의정심格物致知誠意正心

맹자는 "목수와 수레 만드는 기술자는 남에게 법도를 일러줄 수는 있지만 기술이 좋아지게 만들어줄 수는 없다"고 했다. 톱질하는 방법을 알려줄 수는 있지만 톱질을 잘하게 만들어줄 수는 없다. 생각하고 마음으로 받아들이고 정성을 들일 때 톱은 내가 이끄는 방향으로 향한다. 여기에 선행되어야 할 것이 있다. 톱과 나무를 아는 것이다.

《대학》은 자신을 다스려 끝내는 천하를 화평케 하는 이치를 밝힌다. 《대학》은 크게 세 강령과 여덟 가지 조목으로 이루어진다. 밝은 덕을 밝히는 명명덕明明德, 백성을 새롭게 하는 친민親民, 지극한 선에 머무는 지어지선止於至善이 《대학》의 세 강령이다. 세 강령이 《대학》의 근본이라면 여덟 조목은 이를 실천하는 방법이라고 할 수 있다. 흔히 《대학》이라고 하면 수신제가치국평천하修身齊家治國平天下를 떠올리지만 선행되어야 할 일은 격물格物, 치지致知, 성의誠意, 정심正心이다. '격물치지성의정심'해야 수신, 제가, 치국, 평천하를 이룰 수 있다.

사물의 이치가 궁구된 뒤에야 앎에 이르고, 앎에 이른 뒤에야 뜻이 정성스럽게 되고, 뜻이 정성스러워진 뒤에야 마음이 바르고, 마음이 바른 뒤에야 자신의 덕이 닦이고, 자신의 덕이 닦인 뒤에야 집안이 정돈되고, 집안이 정돈된 뒤에야 나라가 다스려지고, 나라가 다스려진 뒤에야 천하가 화평케 될 것이다.

–《대학大學》

物格而后知至, 知至而后意誠, 意誠而后心正, 心正而后身修, 身修而后家齊. 家齊而后國治, 國治而后天下平.

격물은 사물의 참된 모습을 밝힌다는 것이고, 치지란 그로써 사물의 이치를 알게 됨을 의미한다. 사물에 부딪혀 이치를 파악한 후에야 뜻은 정성스러워진다. 정성스럽다는 것은 의미 없는 일에 마음을 쏟는 것이 아니다. 자신의 뜻을 두어야 할 곳이 어디인지 알고 그 뜻을 정성스럽게 하는 것이다. 정성스러워지면 마음이 바르게 된다. 이렇게 자신을 닦아가야 천하를 화평케 하는 경지에까지 이를 수 있다.

빨리 가려 해도 결국엔 그 길을 벗어나지 못한다.

세상사 이치는 따로 떨어져 있지 않다. 《대학》의 여덟 조목은 격물에서 시작된다. 톱으로 나무를 자르는 일도 마찬가지다. 톱과 나무를 먼저 알고 그것의 이치를 밝히는 일이 톱질의 시작이다. 무슨 일을 할 때 그것에 대해 알지 못하면 할 수 없는 것과 마찬가지다.

톱이 일정한 방향으로 나아가지 않는 이유는 나무의 결과 밀도 때문이다. 어려운 일에 부딪힐 때 우리는 어떤 선택을 하는가? 돌파하거나 우회하거나 포기한다. 톱도 마찬가지다. 톱이 항상 나무의 순탄한 결을 따라 움직이는 것은 아니다. 한 뿌리에서 나온 한 폭의 나무에도 단단한 부분과 무른 부분이 있다. 무른 나무를 잘라가던 톱이 단단한 부분을 만나게 되면 본능적으로 무른 부분을 찾아가려 한다. 단단한 나무가 쉽게 길을 내어줄 리 만무하다. 내 마음은 돌파하고 싶지만 톱은 회피하려 한다. 여기서 물러서면 나무는 비뚠 선을 갖게 된다. 이때는 정면 돌파 해야 한다. 톱이 옆길로 새지 않도록 미묘히 손을 놀리며 선을 벗어나지 않는지 세심히 주의해야 한다. 그것이 바로 우리의 정성스러운 마음이다.

나무에 결이 있다면 톱에는 양날이 있다. 톱을 나무의 결대로 움직여 자르는 것을 켠다 하고, 결과 직각 방향으로 쓰는 것을 자른다고 한다. 톱에는 톱니와 톱니가 좌우로 어긋나는 날어김이 있다. 켜는 톱은 자르는 톱에 비해 톱니가 성글고 날어김이 적다. 반면 자르는 톱은 촘촘한 톱니에 칼끝처럼 자르는 날이 있고 날어김도 크다. 켜는 톱과 자르는 톱의 모양이 다른 것은 나뭇결 때문이다. 결을 따라 움직일 때와 결에 반하여 자를 때는 그 모습이 달라야 한다. 이것 역시 톱과 나무를 알아야 가능해진다. 알면 일단 방법이 생긴다.

풀어야 할 때와 잘라야 할 때

《장자》에는 포정의 이야기가 나온다. 포정은 소나 돼지를 잡는 사람이다. 포정이 문혜군을 위해 소를 잡고 있었다. 마침 문혜군이 그 광경을 보게 되었는데, 손을 놀리고 어깨로 받치고 발을 디디며 무릎을 굽히는 것이 마치 춤을 추는 듯했다. 이 모습에 감탄한 문혜군은 포정에게 어떻게 하면 그런 재주를 가질 수 있는지 물었다. 포정은 이렇게 대답했다.

"제가 좋아하는 바는 도道로, 그것은 기술에 앞섭니다. 처음 제가 소를 해체할 때는 눈에 소 이외에 보이는 것이 없었습니다. 3년 후에는 소가 보이지 않았고 지금에 이르러 저는 영감으로써 대할 뿐 눈으로 보지 않습니다. 감관은 멈춰버리고 영감만 작용하고 있습니다. 뼈와 살이 붙어 있는 틈을 젖히는 것이나 뼈마디에 있는 큰 구멍에 칼을 집어넣는 것이나 모두 자연의 이치를 따릅니다. 뼈와 살이 합친 곳에서는 칼이 걸린 적이 한 번도 없는데 하물며 큰 뼈에 부딪치는 일이야 있겠습니까? 훌륭한 포정은 1년에 한 번 칼을 바꾸는데 그것은 살을 베기 때문이며, 일반 포정은 한 달에 한 번 칼을 바꾸니 그것은 뼈에 칼이 부딪쳐 칼이 부러지기 때문입니다. 그러나 저는 칼을 19년 동안이나 썼고 또 잡은 소도 수천 마리나 되지만 그 칼날은 지금 막 새로 숫돌에다 간 것 같습니다. 저 뼈에는 틈이 있고 칼날에는 두께가 없습니다. 틈이 있는 데 넣으므로 넓고 넓어 그 칼날을 휘둘러도 반드시 여유가 있습니다. 그러므로 19년이나 되었어도 그것은 막 숫돌에다 갈아낸 것 같습니다. 그러나 막상 뼈와 심줄이 한데 얽힌 곳을 만났을 때는 저도 그 다루기 어려움을 보고 조심하여 곧 눈길을 멈추고 행동을 천천히 하며 칼을 놀리는 것도 매우 미묘해집니다. 그러다가 쩍 갈라지면 마치 흙덩이가 땅에 떨어지듯 고기가 와르르 떨어집니다. 그때야 칼을 들고 일어서서 사방을 바라보며 머뭇머뭇 만족해하며 칼을 잘 닦아 집어넣습니다."

—《장자莊子》〈양생주養生主〉

"臣之所好者, 道也, 進乎技矣. 始臣之解牛之時, 所見無非全牛者, 三年之後, 未嘗見全牛也. 方今之時, 臣以神遇, 而不以目視, 官知止而神欲行, 依乎天理, 批大卻, 導大窾, 因其固然, 枝經肯綮之未嘗, 而況大軱乎. 良庖歲更刀, 割也, 族庖月更刀, 折也. 今臣之刀十九年矣, 所解數千牛矣, 而刀刃若新發於硎. 彼節者有閒, 而刀刃者無厚, 以無厚入有閒, 恢恢乎其於遊刃, 必有餘地矣. 是以十九年, 而刀刃若新發於硎. 雖然, 每至於族, 吾見其難爲, 怵然爲戒, 視爲止, 行爲遲, 動刀甚微, 謋然已解, 如土委地. 提刀而立, 爲之四顧, 爲之躊躇滿志, 善刀而藏之."

문혜군은 포정의 말을 듣고 감탄하지 않을 수 없었다. 그리고 한마디를 덧붙이니 포정에게서 몸과 마음을 편안히 하고 병에 걸리지 않는 양생법을 배웠다고 했다. 포정이 베고 자른 것이 단지 고기뿐이었을까? 고기를 자르는 포정에게서 나는 베고 자르며 살아가야 하는 삶의 도리를 본다. 결에 따라 움직인다는 것은 순리를 따름이다. 틈이 없어 보이는 그 작은 공간에서도 포정은 칼이 여유 있게 놀 수 있는 여지를 발견한다. 그러나 뼈와 심줄이 얽힌 곳에서는 결만 따라 움직일 수 없다. 잘라내야 한다. 잘라내는 것은 또한 칼의 이치다. 하지만 칼을 상하지 않게 잘라내기 위해서는 손을 미묘하게 움직여야 하고 정신을 집중해야 한다. 새가 바람을 역행하고 물고기가 물살을 거슬러도 몸을 해하지 않는 것과 같다.

포정의 칼은 갈지 않아도 날카로웠고 오래도록 써도 바꿀 필요가 없었다. 그것은 포정이 결의 길을 따라 칼을 움직이고, 어려움에 정성을 다했기 때문이다. 이것이 포정의 이치다. 톱질에서의 이치는 결을 따를 때는 켜고, 결의 반대 방향에서는 자르는 것이다. 또 중요한 것은 그 이치를 행함에 톱과 나무를 알고 마음을 정성스럽게 하는 것이다.

공방에는 여러 종류의 톱이 있다. 가장 많이 쓰이는 톱은 켜는 톱과 자르는 톱이 양쪽에 달린 양날톱이다. 양날톱 외에도 등대기톱이 있다. 한쪽에 톱날이 있고 반대쪽에 등쇠를 붙여 보강한 톱이다. 등에 보강이 되어 있기 때문에 정밀한 재단을 할 때 사용된다. 등쇠가 있으면 톱이 휘는 것을 조금 더 방지할 수 있다. 그러나 등대기톱은 긴 면을 자를 수 없다는 약점을 가지고 있다. 나무에 등쇠가 걸리기 때문이다. 그래도 그 보강재로 인해 톱의 휘어짐은 어느 정도 방지된다.

때로는 삶에도 등쇠가 필요하다. 배우고 익히고 생각하는 것도 그 등쇠를 만드는 일 중의 하나일 것이다. 등쇠가 있다면 똑바로 가야 할 때 내가 휘어지지 않도록 도움을 줄 것이다. 그러나 등쇠가 모든 것을 해결해주지는 않는다. 등대기톱으로 긴 면을 자를 수 없는 것처럼 꾸준한 마음을 갖지 못하면 곧 자신을 잃게 된다.

나무를 알고 톱을 알고 직선으로 나무를 자를 수 있는 마음과 기술을 가져야 한다. 마음만 가지고도, 기술만 가지고도 되지 않는다. 마음과 몸이 함께 가야 한다. 《채근담》에는 '승거목단繩鋸木斷 수적석천水滴石穿'이라는 말이 있다. '노끈으로 톱질해도 나무가 잘리고 물방울이 떨어져도 돌은 뚫린다'는 뜻이다. 그리고 더하여 "도를 배우는 자는 모름지기 힘써 구하라"고 했다. 힘써 구하면 얻을 수 있다. 톱으로 잘라도 깨끗한 단면을 가진 나무를 얻을 수 있다.

이제껏 내 삶은 거칠었다. 가구를 만들 나무로 따지자면 쓰기 힘든 나무였다. 하지만 인생은 하나의 단면으로 이루어지지 않는다. 그래서 말한다.

"내게도 희망은 있다."

나사의 크기가 다르다.

그러면 다른 크기의 비트를 끼운다.

나사의 모양이 다르다.

그러면 다른 모양의 비트를 끼운다.

삶에서 부딪히는 상황과 맥락은 모두 다르다.

우리는 어떤 비트를 준비해야 할까?

정밀하고 한결같아야 진실로 그 중中을 잡을 수 있다.

3장

비트

무엇이 아니라 어떻게 쓰느냐이다

옛날 신촌에 삼치三癡가 살았다네

내가 공방에서 제일 하기 싫어하는 일이 있다. 재단? 목심 박기? 아니다. 그럼 청소? 역시 아니다. 공방의 친구들이 다 아는 내가 제일 싫어하는 일은 비트를 갈아 끼우는 것이다. 공방에는 크기와 모양에 따라 각기 다른 기능을 수행하는 많은 비트들이 있다. 하긴 구멍을 하나 뚫어도 그 크기는 모두 다르다. 그럼 다른 크기의 비트를 끼워야 한다.

사실 이 작업은 1분도 걸리지 않는다. 그런데 나는 그게 정말 싫다. 어떤 경우에는 다른 사람이 비트를 갈아 끼울 때까지 기다리기도 한다. 그것도 아니면 물어본다.

"혹시 20밀리 구멍 뚫을 일 없어?"

"아, 또 비트 갈아 끼우기 싫어서 그러는구나."

늘 이런 식이다. 하지만 이런 게으름은 아주 오래된 버릇이라고 할 수 있다. 모든 걸 한꺼번에 해결해주는 만능의 기계가 있다면 얼마나 좋을까? 나는 한때 만능의 인간이 되고 싶었다. 음악, 미술, 체육, 공부에 능하고 사람까지 좋은 데다 멋지고 잘생긴 만능 인간이 되고 싶었다. 그러나 곧 신이 한 인간에게 많은 것을 주지 않음을 깨달았다. 아주 소수를 제외한 대부분의 사람들에게 말이다.

내 최대 약점은 '신촌 삼치'라는 별명에도 녹아 있다. 음치라 노래방에 가는 것을 극도로 싫어했고, 박치라 배우고 싶었던 기타도 배우지 못했으며, 길치라 약속 시간보다 항상 10분 이상 먼저 가 길을 헤맸다. 그렇지만 항상 뺄 수만도 없는 노릇이었다. 노래방에 가기 싫어도 가야 할 때가 있었고, 눈치 없이 마이크를 넘기는 사람은 늘 있었다. 그럼 이 노릇을 어떻게 해야 하나? 이건 노력으로 극복되지 않는 한계 상황이었다.

어느 날 나는 유전자를 원망하지 않기로 결심했다. 안 되는 것에 목메지 않고 되는 것이나 잘하자고 생각했다. 그러니 안 되는 것에도 너스레를 떨 수 있게 되었다. 노래에 관한 이야기가 나오면 나는 이렇게 말했다.

"나한테는 같은 노래를 매번 다르게 부를 수 있는 천부적인 재능이 있어."

길을 찾지 못해 헤맨다고 핀잔을 주면 이렇게 이야기했다.

"어허, 이 사람아. 길은 다 통하게 되어 있어. 내 마음에 길이 있다니까."

면허 좀 따라고, 불편하지 않느냐고 묻는 사람들도 있었다.

"전혀. 나는 항상 기사가 운전해주는 차만 타거든."

이러면 사람들은 내 말에 동의하지 않아도 불쾌해하지는 않는다. 심지어 즐거워할 때도 있다. 그러고 보면 만능이라는 것이 꼭 좋은 것만도 아니다. 중요한 것은 그것을 어떻게 쓰느냐 하는 것이다. 사랑을 고백하기 위해 몇 달 동안 한 곡만 죽어라 연습한 친구 옆에서 가수처럼 노래를 불러 친구의 기를 죽여야만 할까? 그런 노래 실력은 결혼식 축가에서 발휘해야 할 것이다. 모든 건 그때에 맞을 때 빛을 발한다.

군자는 때에 맞게 처신한다. 이는 즉, 중中을 잡는 것을 이른다. 천년이 흘러도 부절이 꼭 들어맞는 것처럼 그 의미는 변하지 않는다. -《중용장구中庸章句》

君子時中, 則執中之謂也. 世之相後, 千有餘年, 而基言之不異, 如合符節.

관리의 신표, 그것이 부절符節이다. 옛날, 특히 중국의 사신은 부절을 가지고 있었다. 부절은 온전한 하나의 형체가 아니었다. 옥이나 대나무로 만든 신표에 증인을 찍고 이를 둘로 갈랐다. 하나는 자신이 가지고 다른 하나는 조정에 보관했다. 하나에서 나와 둘이 되었으니 그 둘은 꼭 맞았다. 부절이 꼭 들어맞는 것처럼 세상에는 들어맞아야 할 것이 있다. 나와 다른 사람과의 관계가 들어맞아야 한다. 나아가야 할 때 나아가고, 물러나야 할 때 물러나야 한다. 일은 때에 들어맞아야 하고 나와 나의 사명이 들어맞아야 한다. 문제는 들어맞지 않을 때 생긴다. 그 들어맞음이 중용中庸이다.

음치, 박치, 길치의 이야기는 내 재능 없음에 대한 한탄이 아니다. 음치도 노래방에서 다른 사람을 즐겁게 할 수 있다. 길치도 함께 가는 여행의 훌륭한 길벗이 될 수 있다. 중요한 것은 내가 가진 재능이 아니라 그것을 어떻게 발현하느냐 하는 것이다.

이렇게 이야기할 수 있겠다. 때에 맞게 들어맞는 데는 몇 가지 상황이 있을 수 있다. 먼저 사람과의 관계에서 들어맞음이다. 실의에 빠진 친구 앞에서는 '자랑질'을 할 것이 아니라 용기를 주어야 하는 것처럼 말이다. 다음은 일의 때다. 어떤 일을 할 때는 그 때가 맞아야 한다. 익지 않은 과일을 따지 않는 것처럼 말이다. 마지막은 내 일과 나 자신의 들어맞음이다. 내가 원하는 것과 내가 하는 것이 들어맞아야 한다. 아니면 일상의 괴로움에 질식될지도 모를 일이다.

맞는 그 자리에 적합한 일

귀찮아도, 정말 귀찮아도 비트를 갈아 끼워야 할 때가 있다. 나사를 박는다고 하자. 같은 드라이버 비트라 해도 그 모양이 다르고, 비슷한 모양이라 해도 꼭 들어맞는 비트는 따로 있다. 공방에 오기 전까지 나는 나사의 홈이 십자 아니면 일자가 전부인 줄 알았다. 그런데 공방에서는 대부분 별 모양 홈의 나사를 사용한다.

드라이버에는 보통 별 모양의 비트가 끼워져 있는데 간혹 십자나사를 박아야 할 때가 있다. 그럼 비트를 바꿔야 한다. 여러 종류의 비트가 있는 것은 여러 종류의 나사가 있기 때문이다. 각각의 비트는 필요하고 유용하다. 하지만 꼭 맞는 나사가 아니라면 필요 없는 물건이 되고 만다.

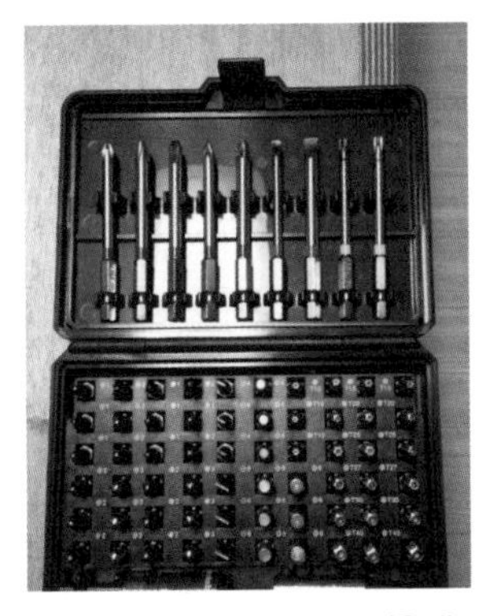

다양한 종류의 드라이버 비트. 사용되는 나사에 따라 비트도 바꿔주어야 한다.

아픈 사람에게는 그 사람에게 맞는 약을 처방해야 한다. 예전 답사를 갔을 때의 일이다. 하루 종일 걸어 다닌 것도 모자라 밤늦도록 저녁을 먹지 못한 상태였다. 10시가 넘어 간신히 식당을 찾아 밥을 먹게 되었다. 그때 무식하게도 누가 더 많이 먹는지 경쟁이 붙었다.

나는 다섯 그릇에서 나가떨어졌다. 두 명이 끝까지 남았는데, 한 친구는 여덟 그릇을 넘기지 못했고 마지막 남은 친구가 열세 공기를 먹어치우는 기염을 토했다. 그런데 그 후가 문제였다. 소화 시키지도 못할 밥을 먹고 대자로 누워버렸던 것이다. 급히 주위를 둘러보니 약병이 하나 보였다. 무슨 약인지 생각할 겨를도 없이 친구에게 먹였는데, 약을 먹고 나니 더 괴로워하는 것이 아닌가? 가만 살펴보니 소화제가 아니었다. 자양강장제였다.

약이라고 다 같은 약이 아니고, 비트라고 다 같은 비트가 아니다. 하지만 이건 어렵지 않은 일이다. 조금만 주의를 기울이면 될 일이다. 하지만 삶에서 꼭 맞는 비트를 찾기가 쉽지 않다. 약은 증상에 따라 달라지고 비트의 규격은 정해져 있다. 증상에 따라 약을 선택하고 정해진 규격에 따라 비트를 갈아 끼우면 된다. 하지만 삶에는 규격이 없다.

군자의 도는 광대하면서도 은미하다. 필부의 어리석음으로도 알 수 있는 것이지만, 그 지극함에 이르면 비록 성인일지라도 또한 알지 못하는 바가 있는 것이다. 필부의 불초함으로도 가히 행할 수 있는 것이지만 그 지극함에 이르러서는 비록 성인일지라도 또한 할 수 없는 바가 있는 것이다. - 《중용》

君子之道, 費而隱. 夫婦之愚, 可以與知焉, 及其至也, 雖聖人, 亦有所不知焉, 夫婦之不肖, 可以能行焉, 及其至也, 雖聖人, 亦有所不能焉.

은미하다는 것은 아주 미세하다는 것이다. 군자의 도는 아주 크고 또한 아주 작다. 우리 삶에는 쉽게 행할 수 있는 일들이 있다. 원칙과 신념도 그렇다. 하지만 그것이 아주 커지면 행하기 어려운 일이 된다. 반대로 그것이 아주 작은 부분에까지 미치면 성인도 행할 수 없는 부분이 된다. 거짓을 말하지 않고자 하는 일이 부와 명예를 넘어 목숨에까지 이르면 할 수 없는 큰일이 되고 그것이 모든 생활의 세세한 부분으로 옮겨가면 또한 하기 힘든 일이 된다. 사람은 눈앞의 것을 보지만 그 분자구조까지는 볼 수 없고 또 멀리는 우주를 바라볼 수 없다.

나사의 머리 모양에 따라 드라이버 비트를 선택하는 일은 필부도 할 수 있지만 어느 상황에도 부합하는 행동은 성인도 하기 힘들다. 그렇다면 도대체 그 어려운 일이란 무엇인가? 바로 중용이다.

중국의 요임금은 순임금에게 윤집궐중允執乞中, 즉 진실로 그 중中을 잡으라' 했고 순임금은 다시 우임금에게 '정밀하고 한결같아야 진실로 그 중을 잡을 수 있다'고 했다. 그렇다면 그 중이라고 하는 것은 또 무엇인가?

희노애락이 나타나지 않은 것을 중이라 하고 나타나서 모두 절節에 맞는 것을 화和라고 한다. 중은 천하의 대본大本이요, 화는 천하의 달도達道다. 중과 화에 이르면 천지가 자리 잡히며 만물이 자란다. –《중용》
喜怒哀樂之未發, 謂之中, 發而皆中節, 謂之和. 中也者, 天下之大本也. 和也者, 天下之達道也, 致中和, 天地位焉, 萬物育焉,

어떠한 치우침이 없는 상태가 중이다. 사사로운 감정이나 개인의 이익에 치우치지 않으면 공정할 수 있다. 그것이 그 상황과 맥락에 꼭 들어맞게 발산되면 어울림의 화和가 된다. 그럼 천지를 평안케 하는 지극함에 이르게 되는 것이다.

여기에서 중과 화는 물리적인 절대성을 의미하지 않는다. 치우침이 없지만 그에 맞게 발산되어야 한다. 때로는 물을 붓는 것이 중화가 되고 또 때로는 물을 따르는 것이 중화가 된다. 컵에 맞추어야 하기 때문이다. 컵이 비었으면 물을 붓고, 컵에 물이 넘치면 물을 따라낸다.

자로가 물었다. "들으면 바로 행해야 합니까?"
공자가 말했다. "아버지와 형이 계시는데 어떻게 듣는다고 바로 행할 것이냐?"
염유가 물었다. "들으면 바로 행해야 합니까?"

공자가 말했다. "들으면 바로 행해야 할 것이다."
공서화가 말했다. "유(자로의 이름)가 '들으면 바로 행해야 합니까' 하니 선생님께서는 '아버지와 형이 계시지 않느냐' 고 하셨지만 구(염유의 이름)가 '들으면 바로 행해야 합니까' 하고 물으니 선생님께서는 '들으면 바로 행해야 할 것이다' 라고 말씀하셨습니다. 이해가 되지 않아 감히 묻습니다."
공자가 말했다. "구는 물러서는 까닭에 나아가게 한 것이고 유는 남들과 함께 하는 까닭에 물러서게 한 것이다." - 《논어》 〈선진先進〉
子路問 : "聞斯行諸?"
子曰 : "有父兄在, 如之何其聞斯行之?"
冉有問 : "聞斯行諸?"
子曰 : "聞斯行之."
公西華曰 : "由也問, '聞斯行諸', 子曰, '有父兄在.' 求也問, '聞斯行諸?', 子曰, '聞斯行之.' 赤也惑, 敢問."
子曰 : "求也退, 故進之, 由也兼人, 故退之."

같은 모양이라도 홈이 크면 큰 비트를 쓰고 홈이 작으면 작은 비트를 쓴다. 공자의 말은 컵에 물을 붓고 따르는 일과 같다. 유는 너무 적극적이라 무모할 염려가 있었고 구는 소극적이어서 실천에 약했다. 그리하여 공자는 적극적인 자로는 가라앉히고 소극적인 염유는 북돋아주려 했던 것이다. 하나의 물음에 대한 공자의 답은 다르다. 공자는 중을 지키고 있다.

공자는 사람의 관계에서 어떻게 중용을 지키는지 보여준다. 그 사람에 맞게, 그 상황에 맞게, 그 일에 맞게, 그리고 무엇보다 나에게 맞아야 한다. 이 중에서 가장 어려운 것이 무엇일까? 모든 것은 어렵다. 하지만 어느 정도 냉정하게 욕심을 버리고 판단하면 그 사람에게 무엇이 필요한지, 지금 무엇을 해야 할지 알 수 있다. 성인의 크고 미세한 데까지는 가지 못하더라도 필부의 실천은 할 수 있다. 그러나 정말 어려운 것은 나에게 맞는 것이다.

내 삶의 비트들

나는 어떻게 살았을까? 사실 나는 필부의 삶도 살지 못했다. 살며 계획도 해보았고 무언가를 지키고자 다짐도 해보았다. 하지만 일상생활에서도 잘 지키는 일은 드물었다. 1999년 12월 31일로 기억된다. 2000년 새해를 공부로 시작하고 싶었다. 하지만 한 해의 마지막을 그냥 보낼 수 있나? 12시가 되기 전까지 술을 마셨다. 퍼뜩 새해의 다짐이 떠올랐다.

나는 신데렐라처럼 뛰어 집에 갔다. 그리고 책을 펼쳤다. 문장은 이지러지고 글자는 날아다녔다. 마치 글자들이 나비 떼처럼 이곳저곳으로 비산했다. 한 글자를 잡아와 읽으면 다른 글자가 도망가고 또 다른 글자를 잡아오면 뒤의 글자가 도망갔다. 그렇게 책을 부여잡고 나는 쓰러졌다. 다음 날, 내가 책을 보았을까? 아니다. 해장국을 찾아다녔다.

이렇듯 나는 필부가 행할 수 있는 것조차 지키지 못하며 살았다. 하지만 이상하게도 내게 맞지 않는 일은 하지 않으려 했다. 석사를 마치고 나는 국립민속박물관에 계약직 연구원으로 취직했다. 물론 1년도 안 되는 기간이었다.

당시 나는 박물관 안에서도 유물과학과에서 근무했는데, 이 일이 쉽지 않았다. 박물관의 유물은 수장고에 보관되는데, 나는 유물을 사진 찍고 목록을 전산화하는 일을 도왔다. 거대한 금고와 같은 수장고의 문이 열리면 하얀 장갑을 끼고 조심스레 유물을 촬영장까지 옮겼다. 그런데 스트레스도 이런 스트레스가 없었다. 특히 도자기처럼 깨지기 쉬운 물건을 옮길 때면 마음이 조마조마하기만 했다.

그래도 시간은 흘러 어느덧 연말이 되고 재계약 제의가 들어왔다. 나는 미련 없이 그만두겠다고 했다.

"왜? 여기 오고 싶은 사람이 줄을 섰는데."

그랬다. 연구원으로 있다 정식 큐레이터가 되는 경우도 많았다. 그런데 그 삶이 내게 맞지 않았다. 매일매일의 출근도 힘든데 출근하고 나서 또 심장 떨리는 일을 하고 싶지 않았다. 이 일을 나보다 더 하고 싶어 하는 사람에게 맡기는 것이 좋겠다며 나는 떠났다.

나에게 꼭 맞는 일, 내가 하고 싶은 일만 하면서 살 수는 없다. 만나고 싶은 사람만 만나며 살 수도 없고 기꺼운 상황만 마주치는 것도 아니다. 그때는 또 그때에 맞게 처신해야 한다. 나도 그걸 안다. 그래서 내가 선택한 방법은 하기 싫은 일을 줄이며 사는 것이다.

맥락을 파악하여 그때에 맞게 말하고 행동하려 노력했지만 내 최대의 중용은 나에게 맞추는 것이었다. 나란 놈은 또 변화무쌍하여 쉽게 맞추기도 힘들었다. 할 수 없었다. 여러 개의 비트를 준비하는 수밖에. 그렇

완전히 맞을 순 없다.
그러나 맞추려 노력할 수는 있다.

다고 모두 맞는 것도 아니었다. 대부분 어그러지기 일쑤였고 겨우 끼워 맞춰도 낑낑거리며 힘을 써야 했다.

삶에 꼭 맞는 비트가 있을까? 우리가 살며 대하는 나사는 일자, 십자, 육각, 별보다 훨씬 다양하다. 그 크기도 비교할 수 없을 만큼 많다. 중용은 어쩌면 만능의 비트일지도 모르겠다. 하지만 우리가 중용을 지키며 살 수 있을지는 의문이다. 한 가지 다행이라고 생각하는 것은 그래도 노력하면 어느 정도 극복이 된다는 점이다. 만능은 아니어도 꽤 많은 비트를 가질 수 있게 된다는 사실이다. 어떤 장소에 어떤 도구를 사용할지, 그건 우리에게 달려 있다. 지금 당장 쓸 수 없을지 모르지만 모든 비트에게는 유용한 쓰임이 있다. 그중에서 내게 맞는 비트를 찾아보아야 할 것이다. 스스로의 소리에 귀 기울여본다.

"나한테도 좀 맞춰줘!"

'나무와 늘보' 공방 한쪽 벽에 걸려 있는 여러 가지 공구들

그들이 떠난 것일까, 아니면 내가 떠나보낸 것일까?

나는 나의 실수로 상처받고

또 나의 실수로 상처를 주었다.

실수 이전에 기미가 있었건만 그것을 받아들이지 못했다.

실수를 했으면 고쳐야 했는데 그것조차 하지 않았다.

이젠 더 이상 반복하지 않으려 한다.

사람에게 희망이 있는 것은 잘못된 역사를

거울로 삼을 수 있기 때문이 아니겠나.

4장

루터테이블

실수를 통해 배워라. 실수는 스승이다

뼈아픈 후회

웽, 찌이익, 퍼버벅, 윽.

불과 몇 초 사이에 서로 다른 네 개의 소리가 울렸고 내 손가락에서는 하염없이 피가 흘러나왔다. 웅신거리는 통증보다 더욱 선명한 건 내게 몰린 걱정스러운 눈빛이었다. 루터테이블(router table)을 쓰다 그만 사고를 내고 말았다.

마음이 방만해질 때 나는 항상 사고를 당했다. 이번에도 그랬던 것 같다. 마음은 급했고 또 들떠 있었다. 사고라는 놈은 그런 순간을 놓치지 않는다. 하지만 사고가 소리 없이 다가오는 것은 아니다. 사고 이전에는 분명 위험을 알리는 기미라는 것이 있다.

사람과의 관계도 사고를 당하는 것과 다르지 않다는 생각이 든다. 더우면 부칠까 싶어 가져다 놓은 부채에 떨어진 핏자국을 보며 그런 생각이 들었다.

중국 유학 시절 한국에 들어오면 나는 인사동에서 부채를 사 갔다. 대나무 살에 한지를 붙여 만든, 흔하디흔한 합죽선이었다. 특이한 점이 있다면 그것이 아무것도 그려져 있지 않은 백지의 부채였다는 점이다. 여름이 다가올 때쯤이면 부채에 이런저런 글귀를 써 동생들에게 나누어주었다.

'피고 지고 피고 지고 봄', '아름다운 날들' 뭐 이런 글귀였다. 마지막으로 내 부채에 무언가를 쓰려 했다. 그런데 도무지 떠오르는 말이 없었다. 한참을 고민하다 쓴 말은 '사랑 따윈 필요 없어'였다.

글씨를 쓰며 울컥하는 마음이 들었다. 하지만 어쩌랴 이미 지나간 것을. 후회해도 돌아오지 않는 것을. 떠나게 만들어놓고 떠난 사람을 원망하다니. 어쩔 수 없이 이 후진 인간을 어떻게 하나.

그나마 마음을 달래는 방법은 '러닝머신' 위를 뛰는 것이었다. 전날 마신 술의 숙취가 깨기도 전에 피트니스센터에 가서 달리기를 했다. 속도를 12에서 13으로, 14까지 높여 뛰면서 헛구역질을 했다. 참으로 바보 같았다. 그러면서 황지우의 시를 외웠다.

"슬프다 내가 사랑했던 자리마다 모두 폐허다
나에게 왔던 사람들, 어딘가 몇 군데는 부서진 채 모두 떠났다"

사람을 잃는다는 건 사고를 당한 것처럼 견디기 힘든 일이다. 그런데 돌아보면 돌아볼수록 그 사고는 다른 누구도 아닌 자신이 만든 것임을 깨닫게 된다. 상대는 분명 내게 자신이 떠날 수도 있다고, 떠날 거라고 신호를 준다. 그런데 그저 자신만 생각하다 그 신호를 못 보고 지나치는 것이다. 그런데 이상하게도 그런 생각은 지나간 후에야 하게 된다.

어떤 일이 벌어지기 전에는 조짐이 있다. 《주역》에서는 이를 기미라 한다. 기미는 낌새다. 미약하지만 조금씩 죄어오는 위험의 냄새를 맡아 본 경험이 있을 것이다. 루터테이블을 쓸 때 느껴졌던 왠지 모를 불안감, 그 사람이 전과 다르다고 느껴지는 미세한 감정들, 그런 감정을 무시하면 사고를 당한다. 그리고 사람을 잃는다.

당하지 않을 사고를 당했기에, 잃지 않을 수도 있는 사람을 잃었기에 사람은 후회한다. 실수하지 않고 후회하지 않는 삶이 없다고는 해도 그것을 반복하니 후회는 더욱 참담하고 날카롭다.

누구나 실수를 한다

실수를 줄여보기 전에 떠올려야 할 법칙이 하나 있다. 하인리히법칙이다. 미국의 트래블러스 보험사에 근무하던 허버트 윌리엄 하인리히는 1931년《산업재해 예방 : 과학적 접근》이라는 책에서 이 법칙을 소개한다.

산업재해를 분석하던 하인리히는 재해에 통계적 법칙이 존재함을 깨닫는다. 산업 현장에서 중상자가 한 명 발생하기 전에는 29명의 경상자가 발생하고, 같은 이유로 사고를 당할 잠재적 부상자가 300명이라는 것이다. 29명의 부상자가 발생했는데도 원인을 해결하지 않으면 한 명의 중상자가 생겨나고, 그때도 조치를 취하지 않으면 300명이 사고를 당하는 커다란 재해가 발생한다. 그래서 하인리히법칙은 '1 : 29 : 300 법칙'이라고도 불린다.

우리 주위에서 발생하는 수많은 사고들은 하늘이 만들어낸 천재天災가 아니라 하인리히법칙을 무시해서 생긴 인재人災, 즉 사람이 사람에게 내린 재앙이다. 물론 찢어진 내 손가락도 스스로가 자초한 인재다. 하지만 내게도 분명 하인리히법칙에서 말한 신호가 있었다. 그날의 사건을 재구성해보자.

공방에는 많은 기계가 있다. 가장 큰 기계는 재단을 하는 슬라이딩 소(sliding saw)다. 굉음을 울리며 돌아가는 둥근 톱 위로 나무를 움직이면 나무가 동강이 난다. 그 외에 톱을 쓰는 기계로 각도절단기와 밴드소(bandsaw)가 있다. 밴드소는 정육점에서 뼈를 자르는 기계와 비슷하다. 또 수압대패가 있고 나무를 둥글게 깎는 목선반이 있다. 그런 기계 중 하나가 루터테이블이다.

루터테이블은 목재에 가늘고 긴 구멍을 파거나 나무의 단면을 둥글게 하는 데 사용한다. 둥근 비트를 끼우고 스위치를 올리면 웽 하는 소리와 함께 날물이 빠르게 회전한다. 그럼 내가 원하는 홈을 팔 수 있다.

처음엔 어렵지 않았다. 특별히 위험해 보이지도 않았다. 한두 번 사용

고속 회전하는 수직 주축에 장착된 비트가 루터테이블 위의 나무를 파내거나 홈을 낸다.

하니 손에 익숙해졌다. 그러다 깊게 구멍을 파고 싶다는 생각이 들었다. 높이 70밀리, 길이 200밀리의 물푸레나무에 깊은 홈을 파면 명함도 꽂고 펜도 꽂을 수 있는 물건을 만들 수 있을 것 같았다. 과감하게 직경 20밀리 일자 비트를 끼우고 스위치를 올렸다.

웽 하는 소리가 들렸다. 나무를 갖다 대면 내가 원하는 홈을 팔 수 있을 터였다. 조금 불안한 생각이 들었다. 빠른 회전에 나무가 돌아가려고 하는 느낌을 받았다. 하지만 나는 그것을 무시했다. 그 전에 루터테이블로 쉬이 작업했기 때문에 이번에도 그럴 거라고 생각했다. 그때 기계의 굉음을 비집는 또 다른 소리가 터져 나왔다. 퍼버벅. 나무가 튀며 손가락을 때렸다. 피가 튀었다. 검지 손톱이 깨졌고 손가락은 깊게 찢어졌다. 이것이 사건의 전말이다. 어쩌면 경미한 사고일지도 모른다. 하지만 내가 이 사고를 떠올리는 것은 다시 실수하고 싶지 않기 때문이다. 사람이든 목공이든 말이다. 이제는 왜 그런 사고가 났는지 반추해보아야 한다.

그 전에 나는 스프러스 같은 소프트우드로 작업을 했다. 물푸레나무는 스프러스와 다른 하드우드다. 단단하고 강한 나무를 사용할 때는 보다 세심한 주의를 기울여야 한다. 한 번에 깊게 파려고 한 욕심도 문제였다. 비트의 날을 조금씩 올리며 홈을 파야 했는데, 성급히 한 번에 깊이 파려 했다. 그리고 나는 어떤 안전장치도 해놓지 않았다.

여기서 위험의 전조는 첫째, 하드우드와 소프트우드를 고려하지 않은 점이다. 상대가 누구인지 어떤 상태인지 고려하지 않고 관성적으로 작업을 했다. 두 번째는 조금씩 날을 올리지 않은 조급함이다. 한 번에 이루어지는 일이 없음을 알고도 한꺼번에 문제를 해결하려 했다. 배가 고프다고 폭식을 하여 탈이 난 꼴이다. 마지막은 마음이다. '이 정도는 문제없지', '이 정도야 뭐' 하는 방만한 마음이 가장 큰 이유였다. 마치 사람을 대하면서 '이 정도는 이해하겠지', '이 정도는 괜찮겠지' 했던 마음과 같다.

여기에는 교만이 개입되어 있었다. 나는 전문가가 아님에도 전문가가 된 것처럼 교만했다. 분명 기계를 돌리기 전 불안한 마음이 있었고, 나무를 갖다 대면서도 꺼림칙했지만 나는 그런 신호를 무시했다. 그 이면에는 좀 더 배우고 물으며 손에 익히지 않은 불성실이 있었다.

행하면서도 뚜렷이 알지 못하며 익히고서도 자세히 살피지 않는지라 죽을 때까지 따라가면서도 그 도리를 알지 못하는 사람이 많다. –《맹자》〈진심盡心〉上

行之而不著焉, 習矣而不察焉, 終身由之, 而不知其道者, 衆也.

앵무새는 자신의 말을 하지 않는다. 누군가 한 말을 따라 한다. 무엇을 행함에 그것이 무엇인지도 모른다면 앵무새의 말과 무엇이 다르겠나. 따라 하는 것은 익히는 것이 아니다. 흉내를 내는 것이다. 무언가를 익혔다 하더라도 그게 끝이 아니다. 끊임없이 살피며 생각하여 익힘을 단단히 해야 한다.

공구를 사용할 때는 공구를 충분히 이해해야 한다. 손에 조금 익었다고 건방을 떨면 사고를 당하기 십상이다. 우리는 많은 일을 행하지만 내가 행하는 행동이 어떤 결과를 가져올지, 그 행동이 어떤 의미를 가지는지에 대해서는 잘 생각하지 않는다. 끊임없이 생각하고 익히면서도 조심하고 그것을 더 잘 알려고 노력하는 것은 비단 공구에만 해당하는 것이 아니라 삶의 자세다. 내가 부끄러웠던 것은 교만과 건방으로 순간 삶의 자세를 잃었기 때문이다.

사람이란 부끄러워하는 마음이 없어서는 안 된다. 부끄러워할 것 없음을 부끄러이 여긴다면 부끄러움이 없게 될 것이다. –《맹자》〈진심〉上

人不可以無恥, 無恥之恥, 無恥矣.

모른다는 것은 부끄러운 것이 아니다. 부끄러움을 감추려 하고 부끄러움을 부끄럽게 여기지 않는 것이 진정 부끄러운 일이다. 부끄러움을 알면 부끄러운 일을 하지 않게 된다. 최소한 고치려는 노력은 할 수 있다.

무언가를 고칠 수 있는 건 실수하기 때문이다.

사실 나는 그날 공방장 늘보 선생님에게 물어보고 싶은 마음이 있었다. 하지만 나는 묻지 않았다. 부끄럽다는 생각이 들었기 때문이다. 그래서 묻지 않고 혼자 기계를 만졌다. 진정 부끄러운 것은 묻지 않은 것이었다. 그런데 나는 부끄러워할 것을 부끄러워하지 않았다. 부끄러움을 감추려 했다.

그날 루터테이블이 찢어놓은 건 내 손가락이 아니라 나의 교만한 마음이었다. 나는 루터테이블의 경고를 받아들였다. 부끄러움을 부끄러이 여기고 부끄럽지 않도록 노력하려 했다. 하지만 아직 멀었다. 그런 마음을 가지고 있다 해도 앞으로 얼마나 더 많은 실수를 할지 모른다. 중요한 것은 실수를 어떻게 받아들이느냐 하는 것이다.

실수하지 않으면 고칠 수 없다

공자는 《논어》 〈위령공衛靈公〉에서 '과이불개過而不改 시위과의 是謂過矣'라 했다. 잘못을 했으나 고치지 않는 것, 그것이 바로 잘못이라는 뜻이다. 하지만 우리는 쉽게 유혹을 떨치지 못한다. 잘못을 인정하고 그것을 고치려 하기보다 그 상황을 모면하려 애쓴다. 그럼 똑같은 잘못을 반복할 수밖에 없다.

소인은 잘못을 저지르면 반드시 꾸민다. - 《논어》 〈자장子張〉
小人之過也必文.

잘못을 덮으면 잠시는 괜찮을지 모른다. 하지만 그 잘못은 눈덩이처럼 불어 더 큰 재앙을 일으킨다. 마치 하인리히법칙처럼 말이다. 잘못을 저지르면 그 잘못이 어디서 비롯되었는지, 무엇을 고쳐야 하는지 먼저 생각해야 한다.

무슨 일이 벌어지면 그것을 바로잡는 대신 핑계를 찾는 사람을 본다. 나도 그랬다. 내게도 방어기제가 있었다. 1894년 지그문트 프로이트는 《방어의 신경정신학》에서 방어기제라는 용어를 사용하였다. 방어기제는 일종의 자기합리화다.

자아가 위협받는 상황이 있다. 그때 사람은 무의식적으로 자신을 보호하려고 한다. 그 보호의 방법은 자신을 속이거나 상황을 다르게 해석하는 것이다. 그럼으로써 감정적 상처로부터 자신을 보호하려고 한다. 그러나 그것은 일시적이다.

그나마 다행인 것은 사고를 당한 뒤, 내가 스스로를 책망했다는 사실이다. '이 기계가 이상해요', '왜 안전한 기계를 가져다 놓지 않은 거죠?', '기계를 쓸 때는 옆에 와서 봐줘야 하지 않아요?' 만약 내가 이런 말을 했다면 어찌 지금 공방에 얼굴을 들고 다닐 수 있겠나.

지금 생각해보면 예전에 나를 떠나간 사람들에게는 그런 말을 했다. "너는 그게 문제야", "왜 화나게 해?", "나를 몰라?" 이런 식이었다. 이런 실수는 늘 반복되었고, 만나고 떠나기를 그치지 않았다. 그리고 한동안은 내 실수를 인정하지 않았다. 그것이 나의 결정적 실수였다.

내 생각은 조금씩 변했다. 사람은 누구나 실수를 한다. 그러나 누구나 핑계를 찾지는 않는다. 실수와 실패를 디딤돌 삼아 더 큰 일을 하는 사람이 있고, 실수에 무너지는 사람이 있다. 실수에서 배우지 않으면 무너지고 만다. 자신을 보호하는 보다 크고 효과적인 방법은 방어기제를 찾는 것이 아니라 잘못과 정면으로 마주하는 것이다. 눈을 부릅뜨고 잘못을 바라보면 어디서 무엇을 잘못했는지 알게 된다. 그 장면이 머리에 각인되면 같은 잘못을 반복하기는커녕 또 다른 잘못을 미연에 방지하게 된다. 그럼 내 인생에서 실수할 확률이 점점 줄어든다.

잘못을 통해 배우기도 하지만 잘못을 저지르지 않는 방법도 있다. 배우고 생각하는 것이다. 내가 열심히 루터테이블을 배우고 익혔다면 실수하지 않았을 것이다. 실수하고 나서야 나는 루터테이블뿐 아니라 다른 공구들도 조심히 다루게 되었다. 또 더 잘 알기 위해 노력하고 의문점이 있으면 물었다. 더 많이 배우면 실수할 확률은 그만큼 낮아질 터이다. 하지만 시시각각 변하는 상황을 대할 때마다 배움에는 끝이 없음을 느낀다.

공자가 말했다. "유야, 너는 여섯 가지 말과 그에 따른 여섯 가지 폐단에 대해 들어본 적 있느냐?"
자로가 대답했다. "아직 듣지 못했습니다."
"앉아라. 내가 너에게 말해주겠다. 어진 것을 좋아하지만 배우기를 좋아하지 않으면 그 폐단은 어리석음이다. 지혜를 좋아하지만 배우기를 좋아하지 않으면 그 폐단은 방탕이다. 신의를 좋아하고 배우기를 좋아하지 않으면 그 폐단은 도적의 무리를 이루는 것이다. 곧음을 좋아하지만 배우기를 좋아하지 않으면 그 폐단은 가혹함이다. 용기를 좋아하고 배우기를 좋아하지 않으면 그 폐단은 세상을 어지럽히는 것이다. 굳세기를 좋아하고 배우기를 좋아하지 않으면 그 폐단은 과격함이다." – 《논어》 〈양화陽貨〉
子曰: "由也, 女聞六言六蔽矣乎?"

對曰："未也."
"居. 吾語女, 好仁不好學, 其蔽也愚, 好知不好學, 其蔽也蕩, 好信不好學, 其蔽也賊, 好直不好學, 其蔽也絞, 好勇不好學, 其蔽也亂, 好剛不好學, 其蔽也狂."

유는 공자의 제자인 자로의 이름이다. 공자는 자로에게 배우지 않아 일어나는 여섯 가지 폐단에 대해 말한다. 어짊을 좋아하고 지혜를 좋아하고 신의를 좋아해도 배우지 않으면 폐해가 많다. 곧기만 해서는 살 수 없다. 맥락을 파악하고 넓게 보기 위해서는 배우고 생각해야 한다. 정해진 법에 따라 형량을 판결하는 판사도 그 상황을 살핀다. 빵 한 조각을 훔친 죄로 장발장은 무려 19년 동안 감옥살이를 한다. 곧기만 하고 배우지 않으면 가혹하게 된다. 그리고 배우며 생각해야 한다.

공자는 《논어》 〈위정〉에서 "배우나 생각하지 않으면 혼매해지고 생각하나 배우지 않으면 위태로워진다"고 했다. 배운 것을 생각해 내 것으로 만들지 않으면 달달 외우는 암기에 지나지 않는다. 생각한다는 것은 또한 익히는 것이다. 이론으로만 이루어지는 일은 없다. 루터테이블에 대해 배웠으면 그것을 어떻게 응용하고 사용할지 생각하고 익혀야 한다. 반대로 생각만 한다면 그것은 허황한 공상에 그치고 말 것이다.

배움은 생각으로 익혀지고 생각은 배움으로 구체화된다. 나는 공구를 처음 사용하는 사람들에게 항상 조심하라고 이야기한다. 나 같은 부끄러움을 겪지 않으면 좋겠다. 내가 아니더라도 다른 사람의 실수를 통해 배울 수 있으면 좋겠다. 그러나 실수를 두려워하지 않으면 좋겠다. 배우고 생각하면 아픈 실수는 하지 않게 된다.

"나 다시 돌아갈래!"

"못 가잖아."

"그럼 이제부터라도 잘할래."

변하는 세상에서도 변하지 않아야 할 것이 있다.

나도 한결같은 사람이고 싶었다.

하지만 그러지 못했다.

삶의 태도, 자세, 생각 그런 모든 것들에서 나는 쉽게 나를 합리화했다.

자는 달라지지 않건만,

나는 매일 규격이 다른 자를 가졌구나.

5장

직각자

직각은 모두에게 직각이어야 한다

한결같았던 그분

서랍을 뒤지니 종이줄자가 하나 나온다. 중국의 이케아에서 가져온 물건이 여기까지 따라온 모양이다. 베이징에서 처음 얻은 원룸에 놓은 정사각형 탁자도 이케아에서 산 것이었다. 그러고 보니 그 탁자에서 참 많이도 외로움을 달랬다. 어쩌면 그때부터 목공을 하고 싶다는 마음이 커졌는지 모르겠다.

살아온 과정에서 그나마 일관성이 있는 건, 끊임없이 술을 마신 것과 그래도 끊임없이 무언가를 쓰고 또 끊임없이 하고 싶은 일을 찾아 나선 것이다. 하지만 정말 한결같은 사람은 중국사회과학원의 우리 선생님이었다.

처음엔 그저 두어 달 쉬고 오려 했다. 내게는 중국어에 대한 트라우마 같은 것이 있었다. 대학시절 한 달 정도 연변에서 하숙을 하며 중국어를 배운 적이 있는데, 이 음치에게 중국어의 성조는 힘들어도 너무 힘들었다.

한번은 '기분이 좋다'는 뜻의 '흔까오싱很高兴'이라는 단어를 배우는데, '흔很'은 음이 내려가다 올라오는 3성, '까오高'는 음이 쭉 이어지는 1성, '싱兴'은 음이 뚝 떨어지는 4성이었다. 그러니까 음이 '∨ — \' 이런 식으로 이어진다는 것인데, 20분 동안 선생님 발음을 따라 하고 따라 하다 결국 선생님까지 포기한 기억이 있다.

그러니 본격적인 공부는 생각지도 않았다. 그런데 타지 생활에 그만 재미를 느껴버리고 말았다. 조금 더 편하게 오래 머물자니 학교에 들어가는 방법이 최고였다. 그리하여 중국사회과학원 시험을 보고자 마음먹었는데, 문제는 전공이었다. 계속해서 신화를 공부하자니 문화인류학 전공이 좋을 듯했다.

전공을 살펴보니 문학연구소 비교문학실에 '문학인류학'이라는 전공이 있었다. 대학에서 문학을 공부하고 대학원에서 인류학을 공부했으니 나에게 '딱'이라는 생각이 들어 무턱대고 지원하기에 이르렀다.

나중에 안 사실이지만 지도교수가 된 우리 선생님은 이 분야에서 중국 최고였다. 행운이었다. 더 놀라운 건 선생님의 학구열이었다. 선생님은 끊임없이 연구하고 집필했다. 연구실에서 조금만 서성이면 빨리 집에 가서 책을 보라고 했다. 아무것도 모르는 나를 이끌고 도서관에 가서 직접 책을 골라주기도 했다. 학기가 시작되면 북경사범대학 앞에 있는 인문과학서점에서 책을 고르는 것이 선생님과 제자들의 학기 행사이기도 했다. 오직 연구에만 몰두하는 선생님을 보며 천생 선비라는 생각이 들었다.

내게 선생님은 공부의 척도였다. 공부하는 사람이 어떤 모습이어야 하는지를 변함없이 보여주었다. 나는 그러지 못했기에 선생님을 뵐 때면 늘 부끄러운 마음이 가득했다. 수없이 많은 것들이 급박하게 변해가는 이 세상에서 변하지 않는 모습을 갖추기란 어렵기만 하다.

그러고 보니 자 역시 변하지 않는 것이다. 자의 눈금은 항상 일정하여 그 모습으로 다른 사람의 길이를 가늠하게 한다. 나는 또 자에서 내가 살아야 할 자세를 본다.

모습이 달라도 자의 사명은 변하지 않는다

길이를 잴 때 가장 많이 쓰는 공구 중 하나가 줄자다. 잡아당겨 펼치면 주르륵 흘러나오고 손을 떼면 촤르륵 말려 들어간다. 그런데 이 줄자에는 하나의 비밀이 숨어 있다. 줄자 끝에 달려 있는 기역자 모양의 금속 걸쇠가 그것이다. 줄자로 길이를 재는 방법은 두 가지인데, 하나는 길이를 재고자 하는 나무의 한쪽 면에 걸쇠를 걸고 원하는 위치까지 줄자를 잡아당겨 외측을 재는 것이고, 다른 하나는 걸쇠의 끝을 나무의 안쪽 면에 밀고 줄자를 펼쳐 내측을 재는 것이다. 그런데 가만히 보면 이 걸쇠의 움직임이 심상치 않다.

정확하고 일정하게 길이를 재려면 걸쇠는 고정되어 있어야 한다. 그러나 줄자의 걸쇠는 앞뒤로 삐걱거리며 움직인다. 여기에 줄자가 가진 비밀에 대한 해답이 있다. 만약 줄자의 걸쇠가 고정되어 있다면 외측을 잴 때와 내측을 잴 때 걸쇠의 두께만큼 오차가 생기게 된다. 외측을 잴 때는 걸쇠가 밖으로 나가고 내측을 잴 때는 걸쇠가 안으로 들어오기 때문이다. 그래서 걸쇠는 그 두께만큼 앞뒤로 움직이게 되어 있다.

걸쇠가 움직이는 것은 정확한 길이를 제시하기 위함이다. 항상 같은 눈금을 유지하기 위해 걸쇠는 움직인다.

공방에는 여러 종류의 자가 있다. 우리가 잘 아는 긴 직사각형의 자가 있고 평형계가 달린 콤비네이션 스퀘어가 있고 작은 구멍이 빼곡히 나 있는 T롤도 있다. 그리고 직각자와 연귀자가 있다.

자가 존재하는 것은 길이를 재고 선을 긋기 위함이다. 하는 일은 같지만 그 모습이 여러 가지인 이유는 편리함을 더해주기 위해서다. 연귀자를 이용하면 직각의 직선이나 45도의 사선을 쉽게 그을 수 있다. T롤은 이름처럼 T 자 모양인데, 튀어나와 있는 T 자의 위쪽 부분을 나무에 밀착시키고 원하는 치수의 구멍에 심을 넣어 움직이면 원하는 선을 그을 수 있다. 여러 가지 모습의 자 덕분에 두 번 할 일을 한 번에 하기도 하고, 일일이 길이를 재는 불편함을 덜기도 한다. 그러나 자의 모양이 바뀌어도 자가 수행하는 기능의 본질은 바뀌지 않는다.

길이를 재고 선을 긋는 것이 자의 사명이다. 자는 변함없이 자신의 일을 다한다. 그런데 사람은 과연 그러한가? 상황에 따라, 때에 따라 시시각각 바뀌고, 변명하고 회피하고 피해를 주고 재난의 원흉이 되는 것이 사람이다. 사람에게는 사람이 지켜야 할 도리가 있다.

위에서 싫어하는 것을 아래에 베풀지 말고 아래에서 싫어하는 것으로 위를 섬기지 말며, 앞에서 싫어하는 것을 위에 먼저 하지 말고 뒤에서 싫어하는 것을 앞에서 따르게 하지 말며, 오른편에서 싫어하는 것을 왼편에 건네지 말고 왼편에서 싫어하는 것을 오른편에 건네지 않으니 이를 혈구지도라 한다. -《대학》

所惡於上, 毋以使下, 所惡於下, 毋以事上, 所惡於前, 毋以先後, 所惡於後, 毋以從前, 所惡於右, 毋以交於左, 所惡於左, 毋以交於右, 此之謂絜矩之道.

내가 싫어하는 것은 다른 이도 싫어한다. 그럼 내가 싫어하는 것을 다른 사람에게 강요할 수 있을까? 반대로 내가 싫어하는 것을 누가 내게 시킨다면 어떨까? 그런데 사람들은 그것을 잊고 내가 싫어하는 것을 다른 사람에게 미룬다. 그러지 않는 것이 하나의 도이다. 그 도를 일러 '혈구지도絜矩之道'라 한다.

《논어》, 《중용》, 《맹자》와 더불어 사서四書의 하나로 꼽히는 《대학》의 도는 혈구에 잘 나타나 있다. 혈구란 무엇인가? ㄱ 자 모양의 곱자를 말한다. 곱자를 더 쉽게 표현하자면 직각자다. 아주 익숙해서 당연한 것처럼 여겨지는 직각, 그러나 90도의 직각을 맞추기 위해서는 혈구, 즉 직각자가 있어야 한다.

타인을 헤아리는 삶

직각자는 하나의 기준이다. 직각자를 나무에 기대어 직각을 가늠한다. 그런데 직각이 때에 따라 달라진다면 어떨까? 오늘은 90도가 직각인데 내일은 85도가 직각이라면? 혹은 방금 전까지는 90도가 직각이었는데, 금세 120도로 변한다면? 그럼 직각을 맞출 수 없다. 때에 따라서 변한다면 그것은 기준이 아니다. 그렇다면 기준을 세울 필요가 뭐 있겠나? 지켜야 할 것은 지켜져야 한다.

이는 삶의 태도에도 적용된다. 나에게는 관대하고 타인에게는 엄격하다면? 아니다. 나의 기준은 동일하게 적용되어야 한다. 그러기 위해서는 먼저 내가 바로 서야 한다. 직각자가 항상 직각을 유지하듯 내가 항상 바른 상태에 있어야 한다.

공자는 '기소불욕물시어인己所不欲勿施於人'이라 하여 내가 하고자 하지 않는 바를 다른 사람에게 베풀지 말라 했고, 맹자는 '나를 밀어 다른 사람에게 미치게 한다'는 뜻의 '추기급인推己及人'을 이야기했다. 추기급인은 자신을 미루어 타인을 헤아린다는 의미다. 내가 느끼는 것을 다른 사람도 느낄 것이라는 말이다. 그런데 여기에는 대단히 준엄한 조건이 뒤따른다. 만약 내 기준이 옳지 않다면 어떨 것인가? 모든 사람을 나와 같다고 여긴다면 거기엔 또 다른 문제가 생긴다.

춘추시대 제나라의 경공은 온 세상을 백색으로 물들인 설경에 도취되었다. 사흘을 쉼 없이 내린 눈은 모든 것을 덮었다. 그런 백색의 세상이 경공의 눈에는 더없이 아름다워 보였다. 그때 재상인 안자가 경공의 방에 들어왔다. 안자 역시 눈 쌓인 창밖을 물끄러미 바라보았다. 경공은 안자 역시 눈 덮인 세상에 취했다고 생각했다. 그리고 말했다.

"사흘 동안 눈이 내려 온 땅을 뒤덮었는데도 봄날처럼 춥지 않군."

안자가 경공을 바라보았다. 여우털옷을 입고 따뜻한 방 안에서 창밖으로 바라보는 눈 쌓인 세상은 춥지도 고되지도 않을 것이었다. 처음 말이 없던 안자가 낯빛을 바꾸어 말했다.

"현명한 군주는 자신이 배부를 때 누군가의 굶주림을 생각하고, 자신이 따뜻한 옷을 입을 때 누군가 얼어 죽지 않을까 걱정하며, 자신의 몸이 편안할 때 누군가 피로하지 않을까를 걱정합니다."

안자의 말에 경공은 부끄러워 고개를 들지 못했다. 나를 미루어 다른 사람을 이해하기 위해서는 먼저 자신이 올바름을 갖추어야 한다. 혈구가 이야기하는 것은 자신의 절대적인 기준이 아니다. 자신의 기준이 절대적이기 때문에 항상 옳다는 것이 아니다. 먼저 바른 기준을 가지고 그 기준을 사심 없이 동일하게 적용하라는 것이다. 나에게 직각을 대듯이 타인에게도 직각을 대라는 것이다. 나를 미루어 다른 사람을 생각하는 그 마음이 직각처럼 항상 일정해야 한다는 것을 말한다.

나는 일정했을까? 그렇게 되려고 노력했지만 그렇지 않은 적이 더 많았다. 내 일은 합리화하기를 좋아했지만 타인의 일에는 엄격했다. 마음을 느긋하게 가지고 여유 있게 살라고 말했지만 스스로의 성격은 급하기만 했다.

나에게 관대하고 남에게 엄격하면
그것이 무슨 기준인가?

중국에서 친한 동생이 몇 있었는데, 나는 그들에게 공부 안 한다고 잔소리를 해대기도 했다. 정작 나는 그러지 못하면서 말이다. 심지어 공부를 안 해서 할 이야기가 없을 때는 무슨 고민이 있는 것처럼 수염을 기르고 가서 선생님을 뵙기도 했다. 수염을 조금 기르게 된 것이 아마도 그때부터였던 것 같다. 그리고 나와 정치적 견해나 의견이 다르면 귀를 닫고 무시하기도 했다.

나의 잘못은 두 가지였다. 스스로가 한결같지 못했던 것, 그리고 내 기준만이 옳다고 여겨 다른 사람을 재단했던 것이다. 내가 보고 싶은 것만 보고 내가 생각하고 싶은 대로 생각했다.

대저 인이라고 하는 것은 자신이 서고자 함으로 남을 세우고 자신이 달하고자 함으로 남을 달하게 한다. 가까운 곳에서 깨달음을 취하는 것을 가히 인의 방법이라 할 것이다. – 《논어》 〈옹야雍也〉

夫仁者, 己欲立而立人, 己欲達而達人, 能近取譬, 可謂仁之方也已.

인이란 과시하는 것이 아니다. 내가 먼저 바르게 섬으로써 다른 사람을 바르게 설 수 있도록 하는 것이다. 내가 먼저 달하려고 노력하고 또 달함으로써 상대 또한 그렇게 할 수 있도록 하는 것이다. 그것은 멀리 있지 않다. 생활 모습에서, 생각 모습에서 시작할 수 있다.

그런데 여기서 한 가지 문제가 생긴다. 내가 달하고자 하는 것, 내 기준을 옳다고 할 수 있을까? 그렇지 않을 수 있다. 더 큰 문제는 자신의 직각자가 진리라고 여기는 데 있다. 마치 내가 내 기준으로 사람을 판단하고 규정했던 것처럼 말이다. 직각은 어디에서나 통용되어야 한다. 그러나 그 직각이 자신만의 것인지 물어야 하겠다. 직각이란 인류의 보편적 기준에 맞는 올바름이어야 한다. 타인을 인정하는 것도 직각이다. 나를 반성하는 것도 직각이다. 그래서 직각이란 삶의 자세이지 순간의 담론이 아니다.

직각이라고 표현하지 않아도 좋다. 어떤 진리에 다가가기 위한 노력이라 해도 좋다. 단지 그것에 붙은 이름이 직각일 뿐이다. 그리고 그것에 다가가기 위한 노력이 내가 살며 해야 할 일임을 자각한다.

내 주위의 사물이 스승이다

나는 사람이 어떠해야 함을 알고 있다. 무엇을 지키고 어떻게 살아야 하는지 알고 있다. 알고 있기에 익숙하다고 생각한다. 또 익숙하니 당연하다고 여긴다. 그러나 이는 나의 표피적인 생각일 뿐이다. 당연한 것이 당연하게 행해지지 않음을 나는 자신의 모습에서 아주 자주 목도한다. 그 당연함이 얼마나 힘든 것인가?

천하를 화평케 함은 그 나라를 다스림에 달려 있다. 위에서 노인을 노인으로 대접하면 백성들 사이에 효가 일어날 것이고, 위에서 어른을 어른으로 대접하면 백성들 사이에서 공경이 일어날 것이며, 위에서 고아를 긍휼히 여기면 백성들은 배반하지 않을 것이다. 이를 혈구지도라 한다. -《대학》
所謂平天下在治其國者, 上老老而民興孝, 上長長而民興弟, 上恤孤而民不倍. 是以君子有絜矩之道也.

노인을 노인으로, 어른을 어른으로 대접하고 어려운 사람을 돌아보는 것은 당연한 일이다. 하지만 그 당연한 일은 당연하게 행해지지 않는다. 내 아버지를 대하는 마음으로 다른 사람의 아버지를 대하고 내 동생을 생각하는 마음으로 후배들을 아끼라고 말한다. 그것 역시 자신을 미루어 타인에게 미치게 하고 사회를 변화시키는 행동이다.

유학은 묵적이 이야기한 겸애兼愛, 즉 차별 없는 사랑을 인정하지 않는다. 맹자는 묵가의 차별 없는 사랑이 사람을 짐승으로 만든다고 공격한다. 어찌 내 부모보다 다른 이의 부모를 사랑할 수 있겠는가 반문한다. 대신 그 마음을 사회적으로 확장하여 공경의 마음이 세상에 가득 차게 하자고 말한다. 내 개인의 일이 사회로 확장되면 사회 전체가 좋아질 거라는 생각이 유가의 관념이다.

내 부모를 공경하는 마음, 내 아이를 사랑하는 마음은 하나의 기준이다. 그런데 지금은 그 마음조차 위태롭다. 그 마음이 위태로우니 사회적 확장을 기대하기도 힘들다. 설사 그런 마음을 가지고 있다 해도 그 기준은 자신에게만 적용되고 타인에게는 다른 잣대를 들이댄다.

부모님에게 전화를 얼마나 자주 했는지 되돌아본다. 무심해도 너무 무심했다. 얼마 전 친구 아버지가 돌아가셨다는 메시지를 받았다. '언제 가야 할까?' 먼저 그런 생각이 들었다. 큰일을 당하고 친구와 가족이 얼마나 힘들어할지에 대한 걱정이 아니라 언제 가야 할지에 대한 생각이 먼저 떠올랐다.

'너도 무심한 인간이 다 되었구나.'

혼자 그렇게 말했다. 언제 가야 할지 생각할 게 아니라 지금 당장 출발해야 할 것 같았다. 그렇게 상갓집으로 향했다. 하루가 지나니 참 오랫동안 보지 못한 친구들을 만날 수 있었다. 이런 얘기, 저런 얘기를 두런거리니 그렇게 부대끼고 살았으면서도 그때 어떤 마음을 먹었는지, 어떤 생각을 했는지 알지 못했다는 생각이 들었다.

예전 어느 날, 불콰해진 술자리에서 친구들은 서로의 별명을 짓기로 했다. 자신의 성을 뒤에 놓고 앞에 새로운 수식어를 붙이는 식이었다. 말하자면 '트위스트 김'과 같은 것이었다. 좀 더 멋있는 수식어를 붙이기 위해 경쟁을 하고 있었다. 그때 지어진 별명이 '딜레마 리', '곤살레스 김', '헨타이 배', 그리고 나는 '패러다 임'이었다. 그러나 그것도 잠시 우리는 새로운 별명을 나누어 가졌다. 그것은 '방황', '나태', '변태'였다. 나는 '돌출 행동'이었다. 그 별명을 잊고 살았다. 아니, 잊은 건 별명이 아니라 그 세월이었는지 모른다.

그런데 나는 그 친구들이 왜 방황과 나태와 변태라는 이름을 선택했는지 알지 못하고 있었다. 방황하고 나태하고 조금은 변태적인 행동이 어디서 나오는지 알려고 하지 않았다. 그냥 낄낄거리고 말았다.

상갓집의 술자리에서 그 이야기를 조금씩 듣게 되었다. 미안했다. 나는 내 생각만 하고 내 길만 가려 했지 그들을 알고 그들에게 정말 마음으로 다가가려 했는지, 모르겠다. 그랬다. 나는 '변태'가 술이 먹고 싶다고 했을 때, 아무 말도 하고 싶지 않다고 했을 때 그저 침묵 속에서 며칠간 술잔을 함께 기울여주는 '돌출 행동'으로 살지 못했다. '방황'과 밤을 새우며 거리를 헤매지도, '나태'와 늘어지게 잠을 자지도 못했다.

'나태'에게는 이제 나태하게 살지 말라고, '방황'에게는 이제 방황하지 말라고, 그리고 '변태'에게는 백수짓 말고 취직하라고 그런 잔소리만 해댔다. 과녁을 빗나간 말이었다. 옛날 술에 취한 변태가 "니가 나를 알아?" 하며 쏘아 보냈던 그 눈빛이 다시 떠올랐다. 그 친구를 알기 위해 노력하고, 내가 조금 더 마음을 다했더라면 그와 소원해지지 않았을 것이다.

우린 지금 제각각의 직각자를 가지고 있다. 나에게 들이대는 직각자, 타인에게 들이대는 직각자, 직장과 사회와 제도, 그리고 국가에 들이대는 직각자가 다르다. 내 이익에 부합할 때는 소리를 높이지만 나와 상관없는 일에는 자를 들이댈 생각조차 하지 않는다. 그리고 그것이 부끄러움인 줄 모른다. 아니면 자신의 직각만이 옳다 믿으며 자신의 잣대만으로 모든 것을 평가하고 재단하려 한다.

나는 직각을 맞추는 일이 그렇게 쉬운 일이 아님을 알고 있다. 아무리 직각으로 맞춘다 하지만 조금씩 각도가 달라지기도 한다. 선을 긋고 그 선에 맞추어 나무를 연결해도 조금씩 달라질 때가 있다. 하지만 중요한 것은 직각을 맞추려는 노력이다.

나무가 평평해 보인다고 해서 탁자의 평면이 정말 평평하다고 말할 수 있을까? 자세히 살펴보면 매끈해 보이는 나무의 표면에도 미세한 돌기가 있고 평면일 것 같은 탁자에도 조금은 파이거나 기운 곳이 있다. 지구가 평평하지 않은 것처럼 말이다.

그래서 직각을 맞추려 노력해야 하고 직각자와 같은 기준을 가져야 하는 것이다. 당연한 것을 당연하게 만드는 것은 그런 노력에 의한 것이다. 노력 없이는 나무가 목재가 되고 가구가 될 수 없는 것처럼 세상에 그저 당연한 것은 존재하지 않는다.

내가 원하는 것은, 우리가 바라는 것은 멀리 있지 않다. 절대는 없지만 절대 지키며 품고 살아야 할 것은 엄연히 존재한다. 본질을 잊지 않는다면, 그것에 다가가려고 노력한다면 얻을 수 있으리라 생각한다.

"내 주위의 사물이, 그리고 사람이 나의 스승이다."

여러 가지 측정 도구

T룰 T룰은 원하는 규격의 선을 긋는 데 유용하다. 자에는 연필심을 넣을 수 있는 구멍이 나 있다.

쇠자 가장 일반적인 형태의 자. 쇠로 된 몸체에 눈금이 새겨져 있다.

그므개 일정한 선을 긋는 데 사용되는 공구다.

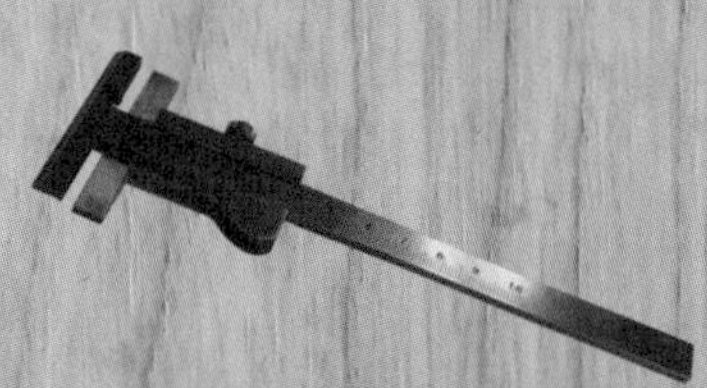

스크라이버 게이지 그므개와 비슷한 용도로 사용된다. 일정한 선을 긋는 데 유용하다.

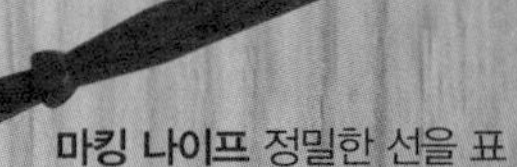

마킹 나이프 정밀한 선을 표시할 때 사용되는 칼이다.

버니어캘리퍼스 목재를 비롯한 다양한 물건의 내측과 외측을 재는 데 사용된다.

연귀자 직각을 맞추거나 45도의 선을 그을 때 사용된다. 나무로 만든 연귀자는 톱질에도 유용하다.

줄자 길이를 잴 때 가장 많이 사용되는 도구다.

난 먼 미래에 대해 환상을 갖고 살았다.

그런데 그렇게 될 꿈만 꾸었지 그렇게 되려고 노력하지는 않았다.

한 번의 대패질로는 매끈한 나무의 면을 얻을 수 없건만

하루의 삶으로 미래가 그려지기를 바랐다.

지금 이 순간이 한 번의 대패질, 오늘 하루가 또 한 번의 대패질.

그렇게 대패질을 하고 싶다.

6장 대패

껍질을 까고 새로운 세계로 나아가라

고전과 대패

"으윽!"

탁자의 다리를 둥글게 깎으려다 대패가 손가락을 쳤다. 벌써 두 번째다. 그것도 찧은 부위를 또 찧었다. 급하게 빨리 깎으려다 벌어진 일이니 누구를 탓할 수도 없다. 망연한 얼굴로 붉은 물이 배어나는 손가락만 바라보았다. 그러고 나서도 몇 번의 크고 작은 부상을 입은 후에야 다리를 다 깎을 수 있었다.

각진 나무가 둥근 모양을 갖추다니 가히 혁명적인 일이다. 처음 한두 번 대패질을 할 때는 이런 모습을 상상도 못했다. 깎고 또 깎다 보니 어느덧 다리가 제 모습을 갖추어갔다.

다리를 깎기 위해 무수한 대패질을 하듯 삶에도 한순간에 이루어지는 일은 없는 것 같다. 내가 이렇게 공맹과 노장을 조금이나마 말할 수 있게 된 것도 그렇다. 우연한 계기였다. 어느 날 철학연구소 사람에게 간쑤성甘肅省 란저우蘭州에서 열리는 노자국제학술대회에 참가하겠느냐는 제의를 받았다. 먹여주고 재워주고, 거기에 교통비까지 준다는 데 마다할 이유가 없었다.

베이징에서 란저우까지는 기차로 스무 시간이 넘는다. 긴 기차 여행을 보내기 위해서는 약간의 노하우가 필요하다. 나는 보통 저녁에 기차를 타서 실컷 술을 마시고 잠을 잔다. 다음 날 최대한 늦게 일어나기 위한 전략이다. 하지만 그것도 발버둥에 불과하다. 기차의 좁은 침대에서는 일찍 깨게 마련이고, 그럼 서울에서 부산까지 가는 것보다 더 오랫동안 똑같은 풍경을 봐야 한다.

그 길에 철학연구소의 늦봄이라는 형이 동행했다. 이 형은 범상치 않은 캐릭터였다. 《주역》을 전공하는 형이었는데, 중학교 때까지 서당에 다닌 특이한 경력의 소유자였다. 게다가 공부도 엄청 열심히 해서 동양철학 전반에 걸쳐 모르는 게 없다고 여겨질 정도였다. 한번은 골동품 파는 거리를 지나는데, 한 상점에서 대나무에 《논어》를 새긴 죽간을 팔고 있었다.

"어, 죽간에 논어를 새겼네."

늦봄 형이 죽간을 펼쳐 읽다가 갑자기 주인을 찾는 것이었다. 무슨 일인가 싶어 가만히 살펴보니 《논어》 구절 중 한 글자를 빼먹었다는 게 아닌가. 또 한번은 중국 학자가 쓴 《주역》을 보여주면서 끊어 읽기를 잘못 했다고 한탄하기도 했다.

어쨌든 기차 안에서 이런저런 이야기를 나누던 중에 늦봄 형과 다른 한 사람이 《맹자》 강독을 하고 있음을 알게 되었다. 그때는 나도 한문 고전에 목마름을 느끼고 있었다. 중국에서 논문을 쓰자니 한문 고전은 기본으로 알아야 했다. 그래서 눈치도 없이 나도 껴달라고 했다.

처음 《맹자》 해석은 죽을 맛이었다. 중국어를 조금 배웠다 해도 쓰는 한자가 달랐고, 고문古文에서의 뜻은 생소하기 이를 데 없었다. 그때는 정말 쪽팔리지 않기 위해서 한 글자, 한 글자를 찾고, 해석하고, 해석본을 찾아 대조하는 지난한 작업을 크나큰 후회 속에서 진행했다. 그래서 조금 익숙해졌다 싶었는데, 그게 끝이 아니었다.

다음은 《장자》를 읽어보자고 했는데, 《장자》는 《맹자》 저리 가라였다. 하긴 해석된 문장을 읽어도 이해되지 않을 때가 많은데, 원문을 어찌 읽는단 말인가. 한계를 느꼈는지 형은 《논어》를 읽자고 했다. 그래서 《논어》를 읽게 되었고, 그러다 어떤 날은 《주역》을 한번 살펴보자고 해서 《주역》을 읽고, 그러다 중국 철학에 대한 강의도 들으면서 근 2년의 시간을 보냈다.

그 시간 동안은 잘 몰랐다. 마치 한 번의 대패질을 하는 것처럼 한 글자를 찾았다는 사실을. 그리고 형이 중국을 떠날 무렵, 나는 더듬더듬하면서나마 내가 이제 고전의 맛을 알게 되었음을 깨달았다.

그 와중에 어찌 힘든 시간이 없었으랴. 같은 글자를 또 찾을 때마다 내

알량한 머리를 원망했고 엉뚱한 해석에 죄 없는 책을 내던지기도 했다. 또 빨리 술 한잔 걸치고 싶은데 강독을 끝내지 않는 형을 볼 때마다 조바심이 만든 미움이 스멀스멀 피어올랐던 것도 사실이다. 하지만 그 시간이 또 지금의 나를 만들었다.

대패질을 하지 않고는 둥근 다리를 얻을 수 없는 것처럼 글자를 찾고 꾹 눌러앉아 형의 이야기를 듣지 않았다면 지금의 나도 없을 것이었다. 손을 찧고 대패를 놓고 싶은 마음이 들었던 것처럼 포기하고 싶었지만 멈추지 않았기에 그나마 이 정도가 된 것이리라. 그나마라고 말하지만 사실 이건 내게 혁명적인 일이었다.

무두질의 혁명

나는 분명 이 또한 혁명이라고 생각한다. 흔히 혁명이라고 하면 순식간에 벌어지는 거대한 일이라고 생각하지만 나는 새벽처럼 서서히 오는 것이 혁명이라고 생각한다. 사람의 마음에 차고 차서 임계점에 도달했을 때 혁명은 일어난다. 혁명이 벌어지는 어느 순간은 다만 도화선에 불과하다.

중국어를 배우는 것도 그렇다. 어느 순간에 이르면 더 이상 늘지 않는다고 여겨질 때가 있다. 분명 매일 읽고 쓰고 말하는데 정체된 느낌이 드는 것이다. 그러다 어느 날 보면 갑자기 쑥 늘어 있는 느낌이 들 때가 있다. 고전을 읽을 때도 그랬고 대패질을 하는 것도 그랬다. 그런 의미에서 삶 역시 혁명이다.

삶은 어느 한 순간으로 이루어지지 않는다. 끊임없는 오늘이 모여 미래를 만든다. 오늘이 어제가 되고 내일이 오늘이 되어 쌓이고 쌓인 과거가 중첩될 때 미래는 만들어진다.

혁명이라는 말도 그렇다. 무언가를 근본적으로 뜯어고칠 때 혁명이라는 말을 쓴다. 개혁, 혁파, 혁신 등 무언가를 고치는 일에는 대개 혁革 자가 들어간다. 그런데 이 혁이라는 글자는 가죽을 뜻한다. '가죽'이 어떻게 '변화'와 '고친다'는 의미를 갖게 되었을까? '혁'에는 한순간에 이루어지지 않는 무수한 과정이 포함되어 있다.

짐승의 가죽에서 그 털을 없앤 것을 혁이라고 한다. 혁은 고친다는 뜻이다.

–《설문해자說文解字》

獸皮治法其毛曰革, 革, 更也.

가죽은 그대로 사용할 수 없다. 원상태의 가죽은 쉽게 부패한다. 물이 닿으면 팽창하고 마르면 딱딱하게 굳어 쓸 수 없게 된다. 따라서 불필요한 성분을 제거하고 가죽을 부드럽게 하는 무두질을 피할 수 없다. 무두질이 있고 나서야 가죽은 비로소 우리가 사용할 수 있는 존재로 바뀐다.

가죽을 몇 번 두드리는 것으로 무두질은 끝나지 않는다. 불필요한 부분을 제거하고 끓이고 짜고 펴고 말리는 과정을 반복해야만 가죽은 비로소 우리가 쓸 수 있는 상태가 된다. 가죽이 그러한 과정을 거치는 것처럼 사람도 단련의 과정을 거친다. 그건 나무라고 다르지 않다.

산의 나무는 자연 그대로의 모습이어야 의미 있을 것이다. 하지만 가구를 만들기 위한 나무는 자연 그 상태로는 쓸 수 없다. 베고 말리고 규격에 맞게 잘라야 한다. 공방에는 매끈한 채로 들어오는 집성목도 있지만 거친 결을 그대로 간직한 채 들어오는 제재목도 있다. 제재목의 폭은 넓지 않다. 두께도 제각각이다. 이 제재목으로 가구를 만들기 위해서는 대패질을 해야 한다.

손대패로는 그 큰 나무를 일정한 두께로 맞출 수도, 매끈하게 깎아낼 수도 없다. 물론 내 기술로는 그렇다. 그래서 기계대패를 이용한다. 처음엔 손으로 나무를 누르고 밀어 표면을 깎아내는 수압대패를 이용한다. 나무의 한쪽 면을 대패질하고 나면 두께를 맞추기 위해 자동대패를 이용한다. 무두질하지 않은 가죽을 쓸 수 없듯이 대패질하지 않은 제재목으로는 가구를 만들 수 없다.

부모님께 식탁을 만들어드릴 때 제재목을 사용했다. 기계로 하는 일이지만 대패질이 쉽지 않았다. 제재목은 또 폭이 넓지 않기 때문에 여러 나무를 이어 상판을 만들어야 했다. 나무를 일정한 두께와 길이로 잘라낸 후에 열 쪽의 나무를 집성해 상판을 만들었다. 여러 나무를 이어 붙여 상판을 만들었기에 가운데는 붉은빛이 도는 체리나무를 쓸 수 있었다.

제재목을 사용해 대패질을 하지 않았다면 그 과정의 수고로움을 알지 못했을 것이다. 그 수고로움이 세상에 하나밖에 없는 식탁을 만들게 했다. 나만의 것을 만들기 위해서는 스스로 수고를 마다하지 않아야 한다. 자신을 깎고 다듬을 도구를 준비해야 한다.

새로 태어나고자 하는 자는 선입견을 파괴한다

공방에서의 무두질이 대패를 사용하는 일이라면 삶에서 대패질은 자신의 껍질을 벗겨내는 과정이다. 선입견이라는 껍질, 아집이라는 껍질을 벗고 새로 태어나 또 다른 세계로 나아가는 과정이다.

어떤 사물을 생각하면 으레 떠오르는 모습이 있다. 당연히 그럴 것이라고 받아들여지는 이미지가 있다. 대패는 그런 고정관념을 깨는 계기가 되었다. 공방에는 여러 종류의 대패가 있다. 처음 본 대패는 내가 생각한 이미지 그대로였다. 대팻집의 중간에 대팻날이 있고 당겨서 목재를 깎아낸다. 그런데 그 옆에 쇠로 만든 대패가 있었다. 익히 알던 대패의 모습이 아니었다. 서양 대패라고 했다.

서양 대패는 대팻날이 중간에만 있는 것이 아니라 가로의 전 부분에 걸쳐 있다. 게다가 당겨서 대패질하는 것이 아니라 밀어서 나무를 깎는다. 역시 서양과 동양의 대패는 미는 방법에서도 차이를 보였다. 동양은 당기고 서양은 미는 것, 그것이 동양과 서양의 차이를 보여주는 하나의 단면이라고 생각했다. 그리고 또 한참이 지났다. 대패를 쓰려고 보니 뒤쪽 한편에 오래된 옛날 대패가 보였다. 오래된 물건을 좋아하는 탓에 옛날 대패를 들어 이리저리 살펴보았다. 그런데 옛날 대패는 내가 알던 동양 대패와 달랐다. 잡을 수 있는 손잡이가 달려 있었고 깎는 방향도 당기는 쪽이 아니라 미는 쪽이었다. 게다가 대팻날도 평평하기만 한 것이 아니라 둥글게 홈이 파여 있기도 했다.

그때서야 알게 되었다. 우리가 지금 흔히 쓰는 대패는 일본식 대패이고, 전통 대패는 손잡이를 잡고 미는 방식이었다. 또한 나무를 평평하게 깎는 평대패만 대패가 아니라 홈을 깎는 홈대패도 있다는 사실을 알게 되었다. 견문이 짧고 과문한 이의 작은 발견이었지만 내게는 또 다른 충격이었다.

내가 알던 대패는 그저 일본식 대패의 한 단면일 뿐이었다. 대패를 항상 당겨 사용한다는 생각은 내게 고착화된 이미지에 불과했다. 대패가 평평하다는 생각도 마찬가지였다. 당겨 깎을 수 있다면 밀어서도 깎을 수 있다. 그렇지만 나는 하나만 알고 그것을 전부로 생각했다. 보이는 것만을 전부로 생각하면 보이지 않는 것을 볼 수 없게 된다.

주위의 사물을 들여다보면 어느 것 하나 당연하게 만들어진 것이 없다. 단지 그 모습에 익숙하여 당연히 그럴 거라 생각하는 것뿐이다. 탁자의 면을 만지면 손끝에서 매끈함이 느껴진다. 그러나 나무는 처음부터 그렇게 매끈하지 않았다. 자르고 다듬고 사포로 문지르고 나서야 그 모습이 됐다.

탁자의 다리는 곧게 뻗어 있다. 곧게 뻗은 다리는 탁자의 상판과 직각을 이룬다. 우리에게는 그 탁자의 모습이 익숙하다. 익숙하기에 탁자는 당연히 그런 모습이라고 생각한다. 하지만 탁자가 만들어지는 과정은 당연하지 않다. 나무가 직각과 평형으로 만나 탁자가 되려면 누군가의 지난한 손길이 있어야 한다. 당연하지만 당연하지 않은 세상, 우리는 그런 세상을 살고 있다.

우물 안 개구리에게 바다를 말해도 알지 못하는 것은 장소에 구애되기 때문이요, 매미에게 얼음을 말해도 알지 못하는 것은 때에 굳어 있기 때문이요, 편벽된 선비에게 도를 말해도 알지 못하는 것은 가르침에 묶여 있기 때문이다.

–《장자》〈추수秋水〉

井蛙不可以語於海者, 拘於虛也. 夏蟲不可以語於氷者, 篤於時也. 曲士不可以語於道者, 束於教也.

우물 안 개구리를 '정저지와井底之蛙'라 한다. 우물이 세상의 전부인 줄 아니 우물 밖 세상을 이야기해도 믿지 못하고 거짓이라 생각한다. 하나의 고착된 이미지에 빠진 사람은 누군가 다른 일면을 말해주어도 그것을 믿으려 하지 않는다. 자기가 모르는 것이 있다고 생각하려 하지 않고 경험하려 하지 않기 때문이다. 혹시 자신의 생각과 다름이 있어 자신이 무너질까 두려워한다.

헤르만 헤세가 《데미안》에서 말한 것처럼 새로 태어나고자 하는 자는 한 세계를 무너뜨리지 않으면 안 된다. 자신을 감싸고 있는 단단한 알을 깨지 않으면 다른 세계에 진입할 수 없다. 하지만 우리는 그것을 두려워한다. 그저 지금 나를 둘러싼 세계에서 이 일상이 계속되기만을 바란다. 하지만 또 꿈을 꾼다. 다른 세계를 동경한다. 알 속에서 웅크리며. 그래서 현실과 이상에 괴리가 생기고 괴로움에 찌든다. 알을 깨려고 하지 않으면서 알 밖의 세상을 그리기에 알 속의 현실은 괴로움일 수밖에 없다. 때에 굳어 있어 매미가 얼음을 알지 못하는 것처럼, 하나의 지식에 묶여 편벽되어 있기 때문에 다른 것을 받아들이지 못하는 선비처럼 다른 세계로 나아가지 못한다.

늦봄 형과의 강독은 고정관념을 깨는 계기였다. 그동안 나는 공자나 맹자라고 하면 말할 수 없이 고루한 꼰대인 줄로만 알았다. 그런데《논어》나《맹자》를 읽으며 이들의 또 다른 면을 발견하게 되었다.

공자가 그렇게 예를 강조하며 천하를 주유한 데는 이유가 있었다. 공자의 인과 예는 춘추시대라는 어지러운 세상을 바로잡기 위한 사상이었다. 또한 맹자는 임금에 대한 맹목적인 충성을 이야기하지 않았다. 백성을 위하지 않는 임금은 일개 필부에 지나지 않는다고 역설했다.

만약 공자와 맹자에 대한 선입견에서 헤어나지 않았다면 나는 이런 생각을 하지 못했을 것이다. 그래서 늦봄 형과 고전을 읽었던 시간은 내게 또 대패질이었다. 고전을 알아가는 대패질, 생각의 선입견을 깎아내는 대패질, 그리고 나를 새롭게 하는 대패질이었다. 이후 공방에서 대패의 밀고 당김을 알게 된 것은 생각을 또 한 번 넓혀주는 계기였다.

밀고 당기고 오고 가고

대패를 당기는 것만으로 보면 하나의 방향만을 설정하게 된다. 그리고 그 방향만이 진리라고 생각한다. 그러나 대패는 당기기도 하고 밀기도 하는 것이다. 또 다른 방향을 생각하자 대패질이 조금 수월해졌다. 밀 수도 있고 당길 수도 있으니 말이다. 밀고 당김은 또 세상의 이치가 된다.

해가 가면 달이 오고 달이 가면 해가 오니 해와 달이 서로 밀어 밝아진다. 추위가 가면 더위가 오고 더위가 가면 추위가 오니 추위와 더위가 서로 밀어 한 해를 이룬다. 가는 것은 굽히는 것이고 오는 것은 펴는 것이니 굽힘과 폄이 서로 교감하여 이로움을 만든다. 벌레가 굽히는 것은 펴기 위함이고 용과 뱀이 숨는 것은 몸을 보존하기 위함이며 은미한 사물의 이치를 신으로 들어가게 하는 것은 쓰이기 위함이다. 이롭게 사용하여 몸을 편한하게 함은 덕을 높이는 것이다. –《주역周易》〈계사전繫辭傳〉下

日往則月來, 月往則日來, 日月相推而明生焉, 寒往則暑來, 暑往則寒來, 寒暑相推而歲成焉, 往者屈也, 來者信也, 屈信相感而利生焉, 屈伏伸張, 尺蠖之屈, 以求信也, 龍蛇之蟄, 以存身也, 精義入神, 以致用也, 利用安身, 以崇德也.

어느 한쪽으로만 가는 것은 없다. 겨울은 가는 것이고 봄은 오는 것이다. 가기만 한다고 생각할 필요도 없고 오기만 한다고 생각할 필요도 없다. 내가 중심에 있으면 가는 것이 있고 오는 것이 있다. 세상 사는 것 역시 밀고 당기고 펴고 굽히는 것이다. 그 이치를 모르면 막막하기만 하고 보는 것만을 보게 되어 하나의 인간형으로 자신을 고착화하고 말 것이다.

나를 혁명한다는 것은
뼈를 깎는 아픔을 전제한다.

새로운 세상을 본다는 것은 무조건적인 파괴가 아니다. 보지 못했던 이치를 보게 되고 알지 못했던 것을 알게 되어 기존의 껍질을 벗어던짐이다. 대패를 밀어 쓰는 것도 당겨 쓰는 것도 당연한 이치다. 가면 오고 오면 간다. 문제는 무조건 당긴다는 생각, 또 무조건 밀어야만 된다는 생각이다. 그런 하나의 생각이 자신을 지배하면 한 방향으로 치달을 수밖에 없다.

나는 당기지만 나무의 방향을 바꾸면 그것은 미는 것이 된다. 나는 밀지만 나무의 방향이 바뀌면 그것은 또 당기는 것이 된다. 여기서 중요한 것은 결을 거스르지 않는 것이다. 대패질을 하는 이유는 나무 표면을 평평하고 매끄럽게 만들기 위해서다. 그런데 결을 거슬러 대패질을 하면 나무가 일어나 거칠게 되고 만다. 그것이 역결이다. 나무의 결이 나를 향하고 있으면 당겨야 하고 결이 나와 반대라면 밀어야 한다. 아니면 나무의 방향을 바꾸어야 한다. 그런데 한 가지만을 고집하면 매끄럽게 하려던 나무가 도리어 거칠어지고 만다. 그것은 오히려 나무를 죽이는 행위다.

나를 알고 세상을 이해하고 그것에서 나아갈 바를 찾는 일은 어렵다. 어렵고 또 어렵다. 그러나 못할 바는 아니다. 생각을 전환하고 사물의 다른 면을 살피듯 내가 가진 것이 전부라는 생각을 버리면 또 다른 나를 찾을 수 있을 것이다. 내게 도시는 콘크리트와 뿌연 이미지다. 당연히 그래야 할 것만 같은 모습은 고착된 이미지와 같다. 그러나 그 콘크리트 속에서도 봄이 되면 꽃잎이 흩날린다. 단단한 아스팔트의 껍질 안에는 흙이 존재한다. 다만 그것을 의식하지 못할 뿐이다. 그것을 보는 것이 나의 혁명이다.

"나는 오늘도 혁명한다."

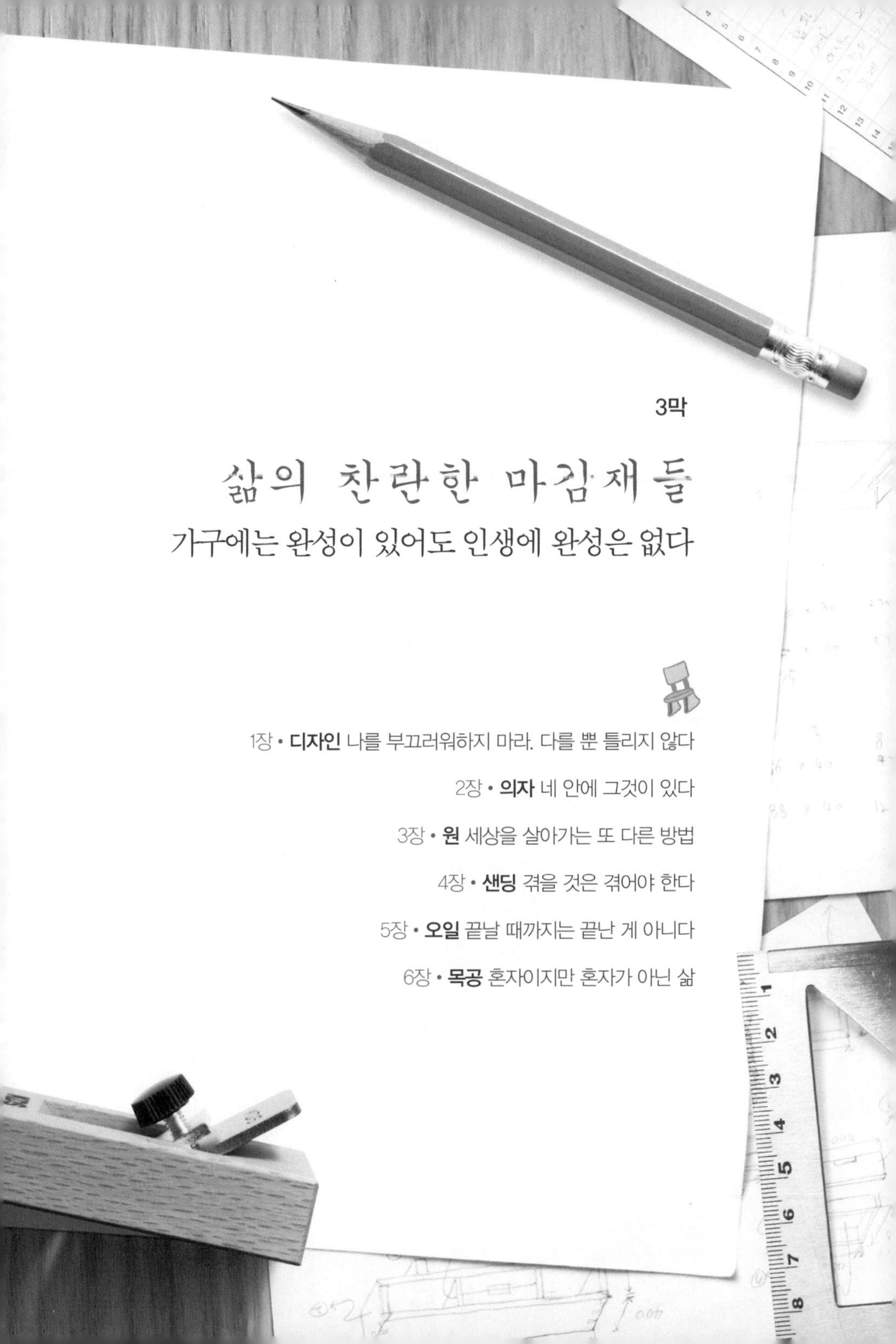

3막

삶의 찬란한 마감재들

가구에는 완성이 있어도 인생에 완성은 없다

때로는 틀리고 때로는 다르다.

틀린 것은 고치면 되지만 다른 것까지 고쳐야 할까?

나는 수많은 틀린 사람과 사는 것이 아니라

수많은 다른 사람과 살고 있다.

다름과 틀림을 혼동하지 않고 싶다.

나도 살고 너도 사는 그런 세상이고 싶다.

디자인

나를 부끄러워하지 마라. 다를 뿐 틀리지 않다

틀림과 다름의 사이에서

"튼튼해 보이네요."

최악은 아니어도 차악의 반응이다. 최악의 반응은 무관심이니까. 하지만 마음이 개운치 않다. 딴에는 심혈을 기울여 여섯 개나 되는 서랍을 만들고 앞판에는 요즘 좋아지기 시작한 붉은 밀크 페인트까지 칠했는데, 그냥 튼튼해 보인단다.

나는 알고 있다. 이 말은 차마 예쁘다는 말을 할 수 없어 '귀엽다'거나 '착해 보인다'고 에두르는 표현이다. 그래도 수긍할 수밖에 없다. 사실 내 마음에 썩 드는, 훌륭한 작품이라고는 할 수 없기 때문이다. 완성된 가구는 머릿속에서 그렸던 모습과는 조금 달랐다.

상상과 실제는 역시 많이 다르다. 그래도 나는 내게 음악적 재능이 없는 대신 미술적 재능은 있는 줄 알았다. 중국에서 한국으로 돌아오기 1년 전쯤이었을 거다. 갑자기 혼자 놀 수 있는 소일거리를 만들어놓아야 한다는 생각이 들었다. 나이 먹고 갈 곳 없어 이 거리 저 거리를 배회하는 자신은 상상하기 싫었다. 거기에 한 가지 더, 먹물 냄새 나는 고상한 취미였으면 좋겠다는 조건을 붙였다. 그래서 선택한 것이 사군자였다.

머릿속에서는 난이 흐드러지고 매화가 만발하는데, 붓끝에서 그려지는 것은 이지러진 잡초요, 일그러진 꽃잎이었다. 쭉쭉 뻗어야 할 대나무는 허리 숙인 백두옹처럼 힘이 없고, 활짝 피어야 할 국화는 피다 만 것처럼 시들했다. 그나마 가지고 있던 미술에 대한 자부심이 여지없이 무너져 내리는 순간이었다.

하루는 엉뚱하게도 형식에 얽매이지 말자는 생각을 했다. 사실 형식이랄 것도 없었다. 이건 걸음마를 배우는 아이가 우사인 볼트처럼 뛰고 싶어 한 것과 같았다. 인터넷을 뒤져보니 '흥선대원군이하응필묵란도興宣大院君李昰應筆墨蘭圖'라는 12폭 병풍의 그림이 있다. 두 폭씩 난이 대칭을 이루었는데, 괴석과 어우러진 촘촘한 난이 가히 장관이었다. '옳다구나' 하고 이를 따라 해보기로 했다.

결과는 절벽에 매달린 잡초 몇 포기였다. 절벽도 내가 절벽이라고 하니 절벽이지, 돌덩이인지 흙덩이인지 구분이 가지 않았다. 저절로 입에서 터져 나오는 말이 있었다.

"틀렸구나, 틀렸어."

속으로 나는 다르다고 주장하고 싶었지만 이건 틀린 거였다. 난초를 그리려다 잡초를 그렸으니 틀린 것이지 다른 것이 아니었다.

사전적으로 '틀리다'에는 세 가지 의미가 있다. 첫 번째는 셈이나 사실이 그르거나 어긋나는 것이다. '2+2'의 답을 '5'라고 하는 경우가 해당된다. 두 번째는 바라거나 하려는 일이 순조롭게 되지 않는 것이다. 마지막으로 마음이나 행동이 올바르지 못하고 비뚤어졌을 때 틀렸다고 말한다. '그 인간은 틀렸어'라고 하면 인간성이 나쁘다는 말이 된다.

나는 일단 사실에 어긋났다. 난초가 아니라 잡초를 그렸으니 말이다. 여기에는 약간의 변명의 여지가 있을 수도 있겠다. 그렇게 생긴 난초도 세상에 있을 수 있지 않나. 하지만 '틀리다'의 두 번째 의미에서 나는 저항할 수 없었다. 난초를 그리려 했지만 그것이 순조롭게 되지 않았으니 틀렸다는 말을 쓸 수밖에 없었다.

나는 화선지를 와락 구기고 붓에 묻은 먹물을 닦아냈다. 선생님이 하라는 것이나 열심히 하기로 했다. 하지만 '틀리다'와 '다르다'의 문제는 여전히 내 머릿속에 남아 떠나지 않았다.

사람의 일은 순조롭지 않다. 그런 면에서 사람들은 많이 틀린다. 그런데 정말 '틀리다'는 말을 틀리게 사용할 때가 있다. 한국에 돌아와 텔레비전을 보니 너도나도 '틀리다'라고 말했다. 내가 만든 가구도 그렇다. '튼튼해 보인다'는 표현은 가능할망정, '틀렸다'는 말을 하기는 힘들다.

다름과 틀림을 구별하라. 다르면 당당해질 수 있다.

무언가 잘못된 것이 아니라 생각과 조금 달랐을 뿐이기 때문이다.

사람마다 보는 눈이 다르고 좋아하는 취향이 다르다. 화려한 것을 좋아하는 사람이 있고 단순한 것을 좋아하는 사람이 있다. 확실히 예전의 가구와 요즘의 가구는 차이가 있다. 필요 없는 장식을 없애고 화려함 대신 단순함 속에서 간결함을 구현하려 한다. 그렇다고 옛날의 가구가 틀리고 지금의 가구가 옳은 것은 아니다.

내가 문제를 제기하는 부분은 다름에 틀림을 대입하는 마음이다. 세상은 측정될 수 없고 사람의 취향은 재단되지 않는다. 다르다는 것은 같지 않다는 것이다. 세상엔 같지 않지만 서로 인정해야 하는 수많은 다름이 있다. 피부색이 다르다. 그러나 피부색이 다르다고 인간이라는 것이 달라지지 않는다. 하지만 '틀리다'에는 다른 의미가 내포된다.

틀리다에는 시비是非, 즉 옳고 그름의 관념이 포함된다. 틀리다고 말할 때, 그것은 옳지 않다는 표현이다. 인정할 부분이 아니라 고쳐야 할 문제가 된다. 화려함을 좋아할 수도 있고 단순함을 좋아할 수도 있다. 그건 다른 미적 개념이지 틀린 취향이 아니다. 디자인도 다르다. 구조적인 문제가 있어 가구의 기능을 할 수 없는 경우라면 모르지만 사람마다 좋아하는 디자인은 다르다.

삶의 상대주의

슬림펜을 깎고 있었다. 먼저 적당한 길이와 폭으로 두 개의 나무를 잘랐다. 중간에 구멍을 뚫고 황동관을 넣어주었다. 나무 속에서 황동관이 단단히 자리 잡기까지 하루 정도의 시간이 필요하다. 황동관이 나무에 튼튼하게 달라붙으면 맨드릴(mandrel)에 나무와 부싱(bushing)을 끼운다. 맨드릴은 나무가 돌아가는 축 역할을 하고 부싱은 얼마나 깎아야 하는지를 알려준다. 이윽고 목선반이 돌아가면 칼을 댄다.

처음 나무는 사각이다. 나무가 깎이며 점차 긴 원통 모양으로 변해간다. 이제 디자인을 고려할 때다. 슬림펜은 말 그대로 얇다. 하지만 나는 좀 색다르게 만들고 싶었다. 평소 두꺼운 펜을 좋아하는 취향도 한몫했다. 나는 펜의 앞쪽은 두껍고 뒤쪽은 얇은, 옛날 잉크를 찍어 글씨를 쓰던 펜의 펜대 모양을 생각했다. 나무를 깎고 사포질을 하고 왁스를 발랐다. 향나무를 써서인지 냄새가 좋았다. 그러나 결과는 남달랐다.

완성된 펜은 가분수였다. 내가 머릿속으로 그린 펜대와는 다른 모습이었다. 나중에 다시 펜대를 찾아보니 내 기억과도 달랐다. 주위에서는 아연한 표정을 지었지만 내게는 개성 있는 모습이 귀엽게 느껴졌다. 하지만 주위 사람들은 '튼튼하다'거나 '귀엽다', '착하다'와 같은 말을 찾는 눈치였다. 그리고 나온 말이 '아방가르드'였다. 전위적이라니, 그것도 괜찮다. 여기엔 나 혼자뿐이지만 이 펜을 좋아할 사람이 어딘가에는 분명히 있을 것이다. 내가 좋아하는 것과 다른 사람이 좋아하는 것이 언제나 일치하는 것은 아니다.

나는 너와 다르다. 때문에 나는 나로서 존재한다. 그런데 너는 너의 기준으로 나를 규정하려 한다. 너의 기준에 맞추기 위해 나를 바꿀 수는 없다. 그 사람을 그 사람으로 이해하지 않으면 사람과 사람 사이의 거리는 좁혀지지 않는다.

사람이 습기 많은 곳에서 자면 허리에 병이 생겨 죽는데, 미꾸라지도 그러한가? 사람이 높은 나무 위에 오르면 두렵고 떨리는데, 원숭이도 그러한가? 사람과 미꾸라지와 원숭이가 사는 세 자리 중 어느 것이 바른 자리인지 누가 알 수 있나? 사람은 채소와 육류를 먹고, 사슴과 노루는 풀을 뜯어먹으며, 지네는 실뱀을 먹고 독수리나 까마귀는 쥐를 즐겨 먹는데, 이 네 가지 먹는 것 가운데 어느 것이 진정한 맛인지 누가 알 수 있나? 원숭이는 자신과 비슷한 원숭이와 짝을 짓고, 사슴은 노루와 놀고, 미꾸라지는 다른 물고기와 함께 노닌다. 모장과 여희는 사람들이 아름답다 하지만 물고기가 이들을 보면 물속 깊이 들어가고 새는 이들을 보면 높이 날며 사슴은 이들을 보고 자신들 무리 속으로 들어간다. 이 네 가지 가운데 무엇이 진정 아름다운 것인지 누가 알 수 있는가?

–《장자》〈제물론齊物論〉

民濕寢則腰疾偏死, 鰌然乎哉? 木處則惴慄恂懼, 蝯猴然乎哉? 三者孰知正處? 民食芻豢, 麋鹿食薦, 蝍蛆甘帶, 鴟鴉耆鼠, 四者孰知正味? 猿, 猵狙以爲雌, 麋與鹿交, 鰌與魚游. 毛嬙麗姬, 人之所美也, 魚見之深入, 鳥見之高飛, 麋鹿見之決驟. 四者孰知天下之正色哉? 自我觀之, 仁義之端, 是非之塗, 樊然殽亂, 吾惡能知其辯.

사람이 좋아하는 자리와 미꾸라지, 원숭이가 좋아하는 자리는 다르다. 사람이 먹는 것과 사슴과 독수리가 먹는 것은 다르다. 따라서 사람이 좋아하는 것을 미꾸라지와 원숭이에게 강요할 수는 없다. 그들에게는 그것이 좋지 않은 것이다. 모장과 여희는 당시 최고의 미인으로 꼽히던 아름다움의 표상이다. 하지만 그 아름다움은 사람에게 국한된다. 사람의 눈에 아름다운 것이지 물고기의 눈에도 아름다운 것은 아니다. 내 기준은 절대적인 것이 아니다. 사람과 동물 사이에 다름이 있듯이 사람과 사람 사이에도 다름이 있다.

장자는 "나와 당신이 논쟁했을 때 당신이 나를 이기고 내가 당신을 이기지 못했다면, 당신은 옳고 나는 그른 것이냐?" 하고 되묻는다. 이겼다고 옳은 것일까? 그렇지 않다. 상대를 이해하지 못하면 나도 이해받지 못한다. 하지만 사람들은 승부를 내려고 한다. 자신의 것만이 옳다고 이야기한다. 그래서 나와 다르면 그것은 틀렸다고 말한다. 장자는 그 이해하지 않으려는 태도, 다름을 다르게 보지 않으려는 마음을 꼬집는다.

세상은 어울림의 공간이다. 상대를 이해하고 상대와 조화함으로써 지금과는 또 다른 세계로 발을 딛고 나갈 때 변화와 발전이 있을 수 있다. 자로는 공자와 불과 아홉 살 차이밖에 나지 않았다. 공자의 제자 중 가장 나이가 많았다. 자로는 성급하고 성정이 불같았다. 불의를 참지 못했고 직설적이었다. 그랬던 그가 공자와의 대화에서 하나의 깨달음을 얻는다.

공자가 말했다. "군자는 화합하되 동하지 아니하고 소인은 동하되 화합하지 않는다." – 《논어論語》〈자로子路〉

子曰 : "君子和而不同, 小人同而不和."

화합하되 동하지 않는 것이 화이부동和而不同이고 동하나 화합하지 않는 것은 동이불화同而不和다. 군자는 화이부동하고 소인은 동이불화한다. 화이부동은 무엇인가? 다른 사람과 생각이 같지 않아도 화합하여 화목하게 지내는 것이다. 반대로 동이불화는 밖으로는 같은 생각을 하고 있는 것처럼 행동하지만 실은 다른 사람들과 화합하지 못하는 것이다.

우리는 모두 같지 않다. 일란성 쌍생아들에게도 다른 면이 있다. 비슷한 것도 자세히 살펴보면 모두 다름을 알게 된다. 그렇다. 생긴 것도 다르고 하는 생각도 다르고 각자가 처한 위치도 다르다. 다름으로 인해 우리는 타인과 구별되고 자신의 개성을 찾는다. 그러나 그 다름이 틀림이 될 때, 그것은 다툼의 원인이 된다. 화이부동과 동이불화에는 다름과 틀림, 차이와 차별의 관념이 녹아 있다.

상대를 이해하면 상대의 입장에서 문제를 바라볼 수 있게 된다. 이해한다는 것은 자신을 버리는 것이 아니다. 상대를 더 넓게 끌어안는 것이다. 군자는 그렇게 사람을 포용한다. 소인은 반대다. 같은 생각을 하고 있는 것 같지만, 그래서 나와 함께하고 있는 것 같지만 속으로는 다른 생각을 하고 있다. 그러니 이해를 구할 수도, 대화를 나누기도 힘들다.

문화인류학에는 상대주의라는 개념이 있다. 하나의 문화는 절대적인 기준이 아니라 그 문화를 이룬 역사와 환경 속에서 파악되어야 한다는 것이다. 아프리카의 마사이족은 인사를 할 때 상대의 얼굴에 침을 뱉는다. 상대를 모욕하기 위함이 아니다. 물이 귀한 척박한 땅에 사는 마사이족에게는 한 방울의 물도 소중하다. 그들에게는 자신의 몸에 있는 침 한 방울도 소중하다. 때문에 침을 뱉는 것은 내 소중한 것을 당신에게 준다는 경의의 표시다. 그것을 모르면 마사이족의 인사는 모욕으로밖에 여겨지지 않는다. 무릇 사람과의 관계에서는 상대주의처럼 타인의 역사와 환경을 고려해야 한다.

요즘 '소통'이 중요하다며 그에 관한 말들이 많지만 모름지기 소통이란 타인과 조화를 이루는 것에서 시작된다. 사람들은 타인과 소통하기 위해 대화를 나누고 토론을 한다. 서로의 생각을 이해하고 입장의 차이를 줄이기 위해 회의를 열고 말을 한다. 어느 한 사람의 의견이 절대적으로 옳을 수 없기에 여러 의견을 듣고 내 생각을 가다듬는다. 그런 과정 속에서 생각은 숙성되고 전에 없던 좋은 의견이 도출된다. 그런데 여기서 내 고집만 부린다면, 타인의 이야기는 듣지 않고 자신의 의견만 주장한다면 어떻게 될까? 더 이상 소통은 불가능하다. 나와 다른 의견을 가진 사람은 이미 적일 뿐이다.

그런 마음가짐은 스스로에 대한 불안 때문에 생겨난다. 내가 너를 인정하는 순간, 너에게 동화되어 버릴지도 모른다는 불안감이 독선을 만든다. 이는 또한 스스로의 중심이 공고하지 못하기 때문이다. 자신이 좋아하는 것도 누군가 비평을 하면 금방 싫어지는 것 역시 마찬가지다. 내가 단단하지 못하기 때문에 누군가의 말에 휘둘리고 마는 것이다. 중심이 바로 서지 않으면 불화하거나 휘둘릴 뿐이다.

생명의 그물

내가 들을 수 있는 것은 들을 수 있는 마음의 크기가 되기 때문이다. 틀렸다고 말하려면 나도 틀릴 수 있음을 알아야 한다. 때로는 자신을 굳건히 하고 나아가야 하지만 또 때로는 자신을 버릴 줄도 알아야 한다. 북

유럽풍 가구를 들이고 미니멀리즘에 따라 인테리어를 꾸몄다고 그 사람의 삶 역시 미니멀리즘을 따르는 것은 아니다. 자신의 삶과 생각도 미니멀리즘을 따라야 한다.

아집과 편견을 완전히 버릴 수는 없을 것이다. 그러나 그것을 최소화하려고 노력할 수는 있다. 미니멀리즘은 모든 것을 배제하는 것이 아니라 최소한의 존재 가치를 표현하는 것이다. 법정 스님의 무소유가 아무것도 가지지 말라는 것일까? 모든 것을 버리고 발가벗은 육신으로 살아가라는 것일까? 아닐 것이다. 이는 장식과 같은 허세를 버리고 담백하게 살아가라는 말이다.

자신의 것을 최소화하고 조화를 이루어나가야 함은 인간과 자연의 관계로 확대된다. 1854년 미국의 대통령 피어스는 수쿼미시 인디언들에게 땅을 팔라는 제안을 한다. 백인들에게는 땅이 절실했을 것이다. 인디언들이 팔지 않아도 백인들은 총칼로 땅을 빼앗을 것이었다. 당시 추장이었던 시애틀은 편지를 보냈다.

> 그대들은 어떻게 저 하늘이나 땅의 온기를 사고 팔 수 있는가? 우리로서는 이상한 생각이다. 공기의 신선함과 반짝이는 물을 우리가 소유하고 있지도 않은데 어떻게 그것들을 팔 수 있다는 말인가? 우리에게는 이 땅의 모든 부분이 거룩하다. 빛나는 솔잎, 모래 기슭, 어두운 숲 속 안개, 맑게 노래하는 온갖 벌레들, 이 모두가 우리의 기억과 경험 속에서는 신성한 것들이다. … 우리는 땅의 한 부분이고 땅은 우리의 한 부분이다. 향기로

운 꽃은 우리의 자매다. 사슴, 말, 큰 독수리, 이들은 우리의 형제들이다. 바위산 꼭대기, 풀의 수액, 조랑말과 인간의 체온, 모두가 한 가족이다.

개발론자들이나 인간이 지구의 주인이라고 생각하는 사람들은 시애틀 추장의 생각이 틀렸다고 할 것이다. 그들에게 저 풀과 흙과 동물들이 신성할 수 있을까? 지구를 하나의 생명이라고 생각한다면 우리는 모두 이어져 함께 살고 있는 존재들이다. 하지만 그것을 자신이 소유물이라 생각하고 자신이 자연보다 우월하다고 여기면 모든 관계는 종속적으로 변한다. 자연과 동물은 인간의 노예로 변한다. 그래서 '틀리다'라는 말 속에는 폭력이 담겨 있는 것이다. 상대의 생각을 이해하지 못하면 다른 것은 없다. 나와 다른 것은 틀리기 때문이다.

다름을 인정하고 상대의 입장과 맥락을 이해할 때, 사람과 사람은 물론 사람과 자연도 더불어 살 수 있게 된다. 획일적인 한 가지 생각만으로 타인을 재단하고 사회를 해석하고 바꾸려 한다면 그것은 또 다른 파시즘이고 독재다.

내가 만든 서랍장은 내 의자 뒤에 놓여 있고 슬림하지 않은 슬림펜은 내 책상 위에 놓여 있다. 이들은 내가 다른 사람과 다르게 디자인했음을 보여준다. 다른 사람과 다르기 때문에 나이지 않겠나. 다른 사람의 다름을 인정할 수 있기 때문에 함께 살아갈 수 있지 않겠나. 살면서 하는 일이 어그러져 틀릴 일도 많겠지만 나는 틀린다고 굴하지는 않을 것이다.

"뭐 어때, 나는 나인데."

나는 앞으로도 내가 좋아하는 것을 만들 것이다. 다른 사람들이 좋아할 만한 것들도 만들 것이다. 하지만 이것은 상대적이다. 내가 좋아하는 것들을 좋아하는 사람이 많아지면 좋겠다. 그것이 또 보람 아니겠나.

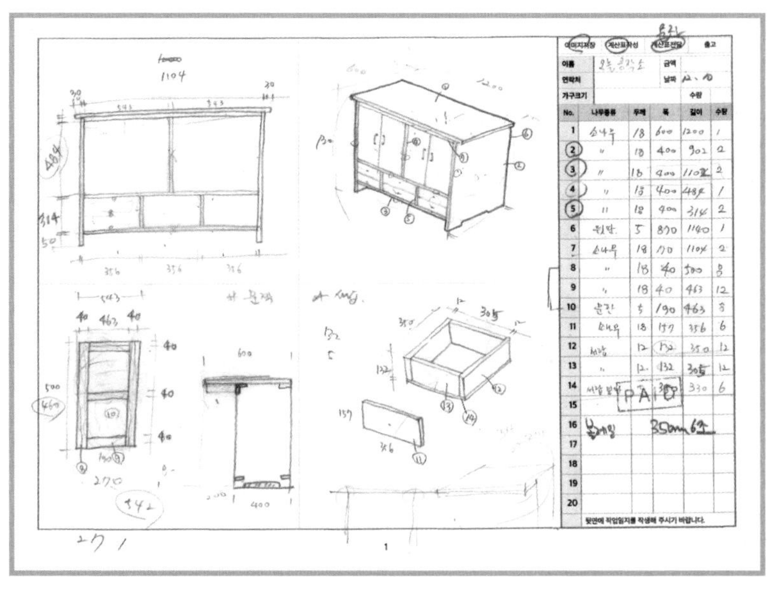

도면과 스케치의 예. 도면은 정면도와 평면도를 함께 그리고 목재의 치수를 기입한다.

멀리 있다고 말한다.

너무 멀어 갈 수 없다고 포기한다.

먼 곳에 있지 않다.

바로 옆에 있다.

단지 그것을 보지 못할 뿐이다.

내 안에, 내 주위에 내가 필요로 하는 그것이 있다.

그것을 잡으면 갈 수 있고

그것을 잡지 못하면 또 헤매야 한다.

의자

네 안에 그것이 있다

내 안에 있는 것, 내 옆에 있는 것

"혹시 연귀자 보셨어요?"

"아니요."

이놈의 자가 어디 있는지 보이지 않는다. 자리에 없는 것을 보면 누가 쓰고 있는 것은 분명한데 보았다는 사람이 없다. 그냥 돌아서려다 작업대를 보니 거기 연귀자가 떡하니 놓여 있다. 나는 혼잣말처럼 중얼거린다.

"연귀자가 여기 있네."

작업을 하던 사람이 머쓱한 표정을 지으며 말한다.

"이게 연귀자였어요? 미안해요."

처음 공방을 찾은 사람들은 공구의 이름을 잘 알지 못한다. 그래서 자신이 사용하는 공구가 무엇인지 모르면서 쓰는 경우가 많다. 때로는 훨씬 편한 방법이 있음에도 그것을 잘 쓰지 못해 어렵게 돌아가기도 한다. 가지고 있으면서도 그것을 쓰지 못하는 것, 그것이 어디 공방에서만 벌어지는 일이겠나.

나는 중학생 때부터 안경을 썼다. 안경을 쓰는 사람이 범하는 몇 가지 실수가 있다. 첫 번째는 안경을 쓰고 세수를 하는 것이다. 얼굴에 물을 묻히려고 손바닥을 비비는 순간 안경이 콧날을 치고 만다. 그럴 땐 인상을 쓸 수밖에 없다.

두 번째도 황당한 경우인데, 아무리 찾아도 안경이 없는 때가 있다. 책상을 샅샅이 뒤지고 소파를 떠들어봐도 안경이 나오지 않는 것이다. 망연히 앉아 온갖 상상을 다하고 있을 때, 눈앞이 선명함을 깨닫는다. 안경을 쓰고서 안경을 찾고 있었던 것이다.

이런 일은 안경에만 그치지 않았다. 이미 있는 책을 또 산 경우도 부지기수였다. 한국에 들어올 때마다 나는 책을 한 보따리씩 사 갔다. 중국에서 인터넷으로 주문하면 해외 배송비가 들기 때문이었다. 또 제목만으로는 그 내용을 알 수 없기 때문이기도 했다.

서점에 가서 책을 뒤지다 보니 논문에 필요한 책이 눈에 띄었다. 그런데 기분이 이상했다. 산 것 같기도 하고 안 산 것 같기도 했다. 고민하다 결국 사 가지고 중국에 갔는데, 가서 보니 책장에 그 책이 떡하니 꽂혀 있는 것이었다. 나중에 필요할 것 같아 내용만 훑어보고 읽지는 않았기

내 안에, 내 주위에 있는데 어디서 그것을 찾으리오?

때문에 벌어진 현상이었다.

사람은 스스로 갖추고 있음에도 그것을 사용하지 못하는 경우가 많다. 특히 옆에서는 보이는데 정작 자신은 그것을 모르고 넘어간다. 그런 일은 자신에게 국한되기도 하고 관계 속에서 벌어지기도 한다.

의자를 만들 때였다. 획기적인 디자인의 예술품을 만들겠다는 생각은 애초부터 없었다. 식탁에서 사용할 의자면 충분했다. 다리 네 개에 앉을 수 있는 상판, 그리고 등받이가 있으면 그만이었다. 그냥 어디서나 볼 수 있는 흔한 의자였다.

등받이를 붙여야 하니 다리 두 개는 길게 자르고 다리 두 개는 짧게 잘라야 했다. 그런데 여기서 고민이 시작되었다. 의자의 높이가 문제였다. 의자의 높이가 얼마면 좋을까? 인터넷에서 의자의 높이를 찾아보았다. 조금씩 달랐다. 직접 앉아볼 수 없으니 그중 어떤 높이가 나에게 맞을지 알 수 없었다. 그렇게 한참을 고민했다. 의자에 앉아서 말이다.

나는 의자에 앉아서 의자의 높이를 고민했다. 내가 앉아 있던 의자는 나에게 조금 낮았다. 두께가 다른 나무를 가지고 와서 의자에 놓고 앉아 보았다. 15밀리의 판재를 얹으니 아직 조금 낮았다. 18밀리를 얹어보고 20밀리를 다시 얹어보았다. 아직 지금 앉은 의자에서 20밀리를 높이면 좋을 것 같았다. 그래서 나는 의자의 높이를 45센티로 결정했다.

사람과 멀면 도가 아니다

사람은 가까이에서 답을 구하려 하기보다 먼 곳에서 찾으려 한다. 바로 나 자신에게, 내 주위의 바로 옆에 내게 필요한 그것이 있음에도 불구하고 내가 원하는 것은 저 멀리에 있을 거라고 생각한다. 내 안의 그것을 끄집어내어 새로운 에너지로 만들려 하지 않는다. 어디서 찾든 그것은 자신이 하는 일인 것을 알지 못한다.

공자가 말했다. "도는 사람에게서 멀지 않다. 사람이 도를 행하되 사람과 멀리 한다면 도가 될 수 없다. 《시경詩經》에 이르기를 '도끼 자루를 찍어내나니 그 법은 멀지 않다'고 했다. 도끼 자루를 잡고서 도끼 자루를 찍어내되 흘끔 쳐다보고 오히려 멀다고 생각한다." -《중용中庸》

子曰："道不遠人, 人之爲道而遠人, 不可以爲道. 詩云, 伐柯伐柯 其則不遠. 執柯以伐柯, 睨而視之, 猶以爲遠."

도끼 자루를 만들기 위해 나무를 찍어낸다. 나무가 도끼 자루의 모습을 갖추자 들어 흘끔 쳐다본다. 그런데 도끼 자루가 어때야 하는지 잘 모르겠다. 더 잘라내고 파내면서도 도끼 자루를 모른다. 자신의 손에 도끼 자루를 들고 있으면서도 도끼 자루의 모습을 생각해내지 못한다. 마치 의자에 앉아서 의자의 높이를 고민하는 것처럼 말이다.

대부분 답은 멀리 있지 않다. 공자는 도가 사람에게서 멀지 않다고 한다. 사람과 멀리 있다면 그것은 도가 될 수 없다고 말한다. 사람을 위한 도가 사람과 가까이 있지 않다면 어찌 도라 할 수 있겠는가?

우리는 행복해지고 싶다. 무언가를 이루고 싶다. 행복해지고 싶고 무언가 이루고 싶으면 그것을 찾아나서야 한다. 내게는 그런 것이 없다. 내 주위에서는 그런 것을 찾을 수 없다. 시작은 언제나 저 먼 곳으로부터다.

어떤 제목을 짓고 카피를 쓰기 위해 한참이나 고민한 적이 많다. 어려운 개념, 멋진 말을 찾아 과거를 거슬러 올라가고 서양과 동양을 오고 간다. 이것저것 생각해도 마음에 들지 않는다. 한참 고민 끝에 하나의 단어, 하나의 구절이 떠오른다. 그런데 그 단어와 구절은 나와 멀리 있지 않았다. 금방이라도 입에서 나올 만한 말이었다. 물론 고민의 과정이 있었기에 그런 말을 생각할 수 있었다. 그러나 멀리 있을 것이라는 단정이 길을 돌아가게 만들었다.

벨기에의 문학가 마테를링크는 파랑새를 찾아 떠나는 치르치르와 미치르 남매의 이야기를 작품으로 썼다. 나무꾼의 어린 두 남매는 크리스마스 전날 밤, 요술 할머니가 나타나는 꿈을 꾼다. 할머니는 남매에게 파랑새를 찾아달라고 부탁한다. 파랑새를 찾아 떠난 남매는 죽음의 나라와 과거의 나라를 여행한다. 그러나 파랑새는 찾지 못한다. 어느 곳에도 파랑새는 없다. 그런데 집에 돌아오니 집 문에 매달린 새가 지저귀고 있다. 그 새가 바로 파랑새였다.

파랑새는 행복을 의미한다. 이 작품은 행복이 다른 어디에 있는 것이 아니라 내 가까이에 있음을 말해준다. 현실에 만족하지 못하고 새로운 이상만을 추구하는 병세를 '파랑새증후군'이라 한다. 현실에서 찾을 수 없는 이상은 이루어질 수 없다. 우리는 이상을 품어야 한다. 그러나 현실에 기대지 않은 이상은 망상이 된다. 현실에 발을 디디고 이상을 향해 나아가야 한다. 그 이상이 현실을 바꾸어나가는 힘이 된다.

가구를 만들며 정말 획기적인 예술품을 만들고 싶은 충동을 느낄 때가 있었다. 거장들의 디자인을 살펴보며 저렇게 만들고 싶다는 바람도 가져보았다. 그런데 특이한 모습만 상상하면 가구는 점점 기괴한 모습으로 변해갔다. 왜 그 가구를 만들어야 하는지 잊었기에 만들어놓고도 쓸 곳이 없었다. 어디에 어떻게 쓸 것이라는 기본적이고 단순한 생각이 가구의 뼈대가 되어야 한다. 의자의 모습은 의자 그 자체에 있지 다른 곳에 있지 않기 때문이다.

내 몸에 맞는 옷, 사람에 맞는 기준

"악마는 디테일에 있다"라는 말로 유명한 독일의 건축가 루드비히 미스 반 데어 로에는 "의자는 매우 어려운 물건이다. 고층 빌딩 건설이 차라리 너 쉽다. 그것이 바로 치펀데일이 유명한 이유다"라고 말했다. 의자를 이야기할 때 치펀데일을 빼놓을 수 없다. 유럽 가구에 큰 영향을 끼친 것은 물론 영국 가구계에 황금시대를 연 가구 디자이너가 치펀데일이다. 양각과 투조를 특징으로 하는 치펀데일의 의자는 일반 시민을 위한 의자로 사랑받았다.

간단하고 단순해 보이는 이 의자를 만드는 것이 왜 고층 빌딩을 건설하는 것보다 어려운 일일까? 왜 가구 디자인의 결정체를 의자라고 할까?

여기에 의자의 비밀이 숨어 있다. 단순하기 때문에 어려운 것이다. 단순함 속에 변화를 주는 일은 또 다른 생명을 부여하는 지난한 작업이다. 그러나 의자는 의자로서 기능해야 한다. 의자가 아닌 다른 것이 된다면 어떤 모습을 하건 의자가 아니다. 때문에 의자의 모습은 바로 의자 그 자체에서 찾아야 한다.

맹자가 말했다. "구하면 그것을 얻고 버리면 그것을 잃나니, 이 구한다는 것이 얻는 바에 더해지는 것은 자신에게 있는 것을 구하기 때문이다. 구하는 데 도가 있고 얻는 것에 명이 있으니 이 구하는 것에 얻는 바가 없는 것은 밖에서 그것을 구하기 때문이다."
맹자가 말했다. "만물이 모두 내게 갖추어져 있으니 반성하여 성실해지려고 하면 이만큼 큰 기쁨이 없고, 용서를 힘써 행하면 어짊을 구함에 이만큼 가까운 것이 없다." – 《맹자孟子》 〈진심盡心〉 上
孟子曰 : "求則得之, 舍則失之, 是求有益於得也, 求在我者也. 求之有道, 得之有命, 是求無益於得也 求在外者也."
孟子曰 : "萬物皆備於我矣, 反身而誠, 樂莫大焉, 强恕而行, 求仁莫近焉."

우리는 무언가를 구하려 하고 얻으려 한다. 하지만 먼저 그것을 구하려는 마음을 가져야 한다. 그래야 무언가를 얻을 수 있다. 하지만 그 구함의 도와 대상은 다른 곳에 있지 않다. 바로 자신에게 있다. 그 자신이 가진 착함과 어짊을 구하면 바깥에서 구하지 않아도 자신은 스스로 기쁨과 어짊의 길로 나아가게 된다. 모든 것은 이미 내게 갖추어져 있다.

의자에 화려한 장식을 하고 이것저것 붙여 기교를 다한 것이 좋아 보일 때가 있다. 하지만 진정한 기교는 외부가 아니라 내부에 있다. 사람의 마음을 울리는 말은 부사와 형용사가 넘실대는 화려한 언변이 아니다. 그 속에 담긴 진심이다. 사물의 이치는 단순하지만 어렵다.

기본에 충실하는 것은 자신에게 충실하는 것이다. 자신에게 충실하다는 것은 다른 것이 아니라 자기 스스로에게 구한다는 것이다. 내 가구의 표준은 내게 있다. 사람마다 키가 다르고 몸집이 다르고 선호하는 모습이 다르다. 키가 큰 사람은 높이고 키가 작은 사람은 낮춘다. 넓게 쓰고 싶으면 넓히고 좁은 곳에 놓아야 하면 작게 만든다. 내가 원하는 것을 가구에 요구하는 것이다. 그러니 가구의 기준은 자신이 된다.

자신의 기준으로 나무를 이해하여 가구를 만드는 것이 목공의 과정이다. 그래서 가구를 만드는 과정은 자신을 알아가는 과정이다. 기본을 알고 자신을 알면 다른 사람이 아닌 스스로에게 구할 수 있게 된다. 공자는 자신의 도가 하나로 꿰여 있다고 말했다.

공자가 말했다. "삼아, 나의 도는 하나로 꿰여 있다."
증자가 말했다. "예, 그렇습니다."
공자가 나가자 문인이 이를 물었다. "선생님께서는 무엇을 말한 것입니까?"
증자가 말했다. "선생님의 도는 충忠과 서恕일 따름입니다." – 《논어》 〈이인里仁〉
子曰 : "參乎, 吾道一以貫之."
曾子曰 : "唯."
子出門, 門人問曰, "何謂也."
曾子曰 : "夫子之道忠恕而已矣."

삼은 공자의 제자 증자의 이름이다. 공자의 도가 하나로 꿰여 있다는 말에 삼은 아무런 의아함도 없이 그렇다고 대답한다. 증자와 공자가 나눈 이야기를 듣고 문인이 공자의 도가 무엇으로 꿰여 있는지를 묻는다. 그러자 증자는 공자의 도는 충과 서일 따름이라고 말한다.

공자의 도는 충과 서로 꿰여 있다. 충은 참된 마음으로 자신에게 정성을 다함이다. 서는 그런 참되고 정성스러운 마음으로 타인을 이해하는 것이다. 자신의 바름이 확대되어 사회를 좋은 방향으로 바꾸고자 한 유가의 이념이 여기에 녹아 있다.

충과 서는 도에서 멀리 어긋나지 아니하니, 자기에게 베풀어짐을 바라지 않는 것은 또한 남에게 베풀지 말아야 한다. 군자의 도가 넷인데 나는 하나도 능히 행하지 못하였다. 자식에게 요구하는 바로써 아버지 섬김을 다하지 못하였다. 신하에게 요구하는 바로써 임금을 섬기지 못하였다. 아우에게 요구하는 바로써 형 섬김을 다하지 못하였다. 벗에게 요구하는 바를 먼저 베풀지 못하였다. 덕을 실천하고 말을 삼감에 부족한 점이 있으면 힘쓰지 않을 수 없다. 그것들이 남음이 있어도 여지를 남겨둔다. 말은 행동을 돌아보고 행동은 말을 돌아보니 군자가 어찌 부지런히 힘쓰지 않으리오. -《중용》
忠絜違道不遠, 施諸己而不遠, 亦勿施於人, 君子之道四, 丘未能一焉, 所求乎子, 以事父, 未能也. 所求乎臣, 以事君, 未能也. 所求乎弟, 以事兄, 未能也. 所求乎朋友, 先施之, 未能也. 庸德之行, 庸言之謹, 有所不足, 不敢不勉, 有餘, 不敢盡, 言顧行, 行顧言, 君子胡不慥慥爾.

효가 어디에 있는가? 충심이 어디에 있는가? 공경이 어디에 있는가? 우정이 어디에 있는가? 그것들은 멀리 있지 않다. 내가 자식에게 바라는 마음, 그것을 행하면 효가 된다. 아랫사람이 어떻게 해주기를 바라는가? 그 바람이 내가 윗사람을 섬기는 도리가 된다. 형제의 우애는 내가 아우에게 바라는 것에 있다. 친구가 내게 해주었으면 하는 것을 내가 베풀면 우정은 공고해진다. 말로 행동을 돌아보고 행동으로 말을 돌아본다. 그러면 우리도 군자에 가까울 것이다.

도가 사람에게 멀리 있지 않는 것처럼 좋은 사람이 되는 기준은 바로 자신에게 있다. 자신을 어떻게 바라보느냐에 따라, 자신이 가진 그것을 어떻게 쓰느냐에 따라 바라기만 하는 사람이 될 수도 있고 많이 베푸는 사람이 되기도 한다.

내가 만든 의자에 다시 앉아보았다. 조금은 우스꽝스러운 모습이지만 정이 갔다. 작은 차이지만 내 몸에 맞으니 편안했다. 잠시 앉았다 일어나 세수를 한다. 세수를 하고 거울을 본다. 거울에 내 모습이 있다. 이제는 나를 비춰주는 거울을 지니고 다니리라 마음먹는다. 다시 의자에 앉아본다. 그리고 이렇게 물어본다.

"당신의 의자는 편안하십니까?"

편하지 않다면 의자를 만들어보라고 권하고 싶다.

마감만을 남겨둔 유아용 의자.
아이 부모의 반응이 좋아 기억에 남는다.

물은 흐르고 비트는 회전한다.

세상은 돌고 나는 살아간다.

밑도 깊은 나무를 깎아내는 둥근 비트처럼

둥근 마음을 가지면 세상을 극복할 수 있을까?

어떻게 사느냐에 따라 이 세상은 지옥이고 또 천상이다.

나는 어떤 세상을 살고 있을까?

3장

원

세상을 살아가는 또 다른 방법

훌리오, 그리고 꼬시까

겨울이 시작되니 집 안에 하나의 문제가 생겼다. 우리 집에는 두 마리의 고양이가 있다. 망원동 길고양이 출신의 훌리오와 베이징 길고양이 출신의 꼬시까가 그들이다. 꼬시까를 처음 만난 건 베이징을 떠나기 1년 전쯤이다. 그때 나는 외롭고 힘들었다.

박사 논문을 써야 했는데, 그게 정말 만만치 않았다. 한글로 썼다가 중국어로 썼다가, 소파에 벌렁 누웠다가 다시 일어나 몇 줄을 쓰고는 또 나가떨어졌다. 집 안을 뱅글뱅글 돌다 갑자기 설거지를 하고 자판을 두드리고 다시 일어나 텔레비전을 켜고… 그렇게 나는 안절부절못했다.

집에서 논문을 쓰다 마음이 답답해지면 책과 노트북을 싸 들고 근처 커피숍으로 향했다. 그때는 하루 종일 거의 한마디도 하지 않았을 것이다. 기껏 하는 한마디도 커피를 주문하는 것뿐이었다. 신경은 날카로웠고 마음은 조급했다. 보통 커피숍에서도 채 두 시간을 버티지 못했다. 두 시간이 지나면 주섬주섬 가방에 책과 노트북을 챙겨 커피숍을 나왔다. 그렇게 하루하루가 지나가고 있었다. 그날도 커피숍에서 나와 집으로 돌아오는 길이었다.

"이야옹. 이야옹."

어디선가 아기고양이의 울음소리가 들렸다. 그냥 지나치려는데 다시 소리가 들렸다.

"이야옹."

아직 어린 고양이가 틀림없었다. 소리가 나는 쪽을 유심히 살펴보았다. 아파트 1층 베란다 턱 사이에 검은 털 뭉치가 보였다. 저것일까? 그런데 검은 털 뭉치가 슬금슬금 기어 나오기 시작했다. 서서히 녀석의 모습이 드러났다. 검은 털 뭉치 사이로 하얀 턱시도가 있었고 콧잔등에는 날아가는 기러기 모양도 보였다. 잠시 쪼그리고 앉아 녀석을 살펴보기로 했다. 그런데 이 녀석 봐라. 녀석이 내게 다가오고 있었다.

문을 열고 집에 들어설 때 내 어깨에는 무거운 가방이 걸려 있었고, 내 품 안에는 검은 고양이 한 마리가 안겨 있었다. 그렇게 꼬시까와 나는 같이 살게 되었다. 이 어린 녀석의 특기는 내가 논문을 쓰고 있을 때 책상 위로 올라와 키보드를 밟고 가는 것이었다. 짜증을 내려다가도 녀석의 눈망울을 보면 픽 하고 웃을 수밖에 없었다. 지나가며 내 다리를 쓱 하고 비빌 때는 꼭 안아주고 싶었다. 날카로운 신경이 녀석의 부드러운 털에 자꾸 무디어갔다. 키보드를 밟고 지나가는 녀석을 애교로 바라볼 수 있게 되자 조급함이 점차 사라졌다.

어찌 그런 녀석을 두고 올 수 있겠나. 공인된 동물병원에서 예방주사를 맞히지 않은 탓에 베이징 외곽 위생국을 뛰어다니며 겨우 고양이 반출 허가를 받았다. 우여곡절 끝에 꼬시까는 중국에서 한국으로 이민 온 고양이가 되었다. 꼬시까가 없었다면 논문을 참 어렵게 썼을 것이라는 생각이 든다. 꼬시까의 부드러운 털과 울음이 아니었다면 날카로운 마음이 스스로를 베었을지도 모를 일이다.

하지만 겨울을 나기 위해서는 훌리오와 꼬시까를 위해서도, 나를 위해서도 뭔가 조치를 취해야 했다. 두 고양이의 화장실은 베란다에 있었다. 춥지 않은 계절에는 거실 문을 항상 열어두었지만 겨울이라면 얘기가 다르다. 조금만 문을 열어두어도 그 틈을 비집고 매서운 바람이 들어찬다. 훌리오와 꼬시까가 거실과 베란다를 자유로이 오가면서도 바람을 최소화할 수 있는 방법은 무엇일까?

모난 자의 부끄러움

고양이 통로를 만들기로 했다. 베란다 창틀 사이에 나무를 끼우고 아래 부분에 고양이가 지나갈 수 있는 구멍을 뚫어주기로 했다. 먼저 창틀의 길이를 재고 고양이의 몸집을 가늠했다. 창의 높이는 2미터가 조금 넘었다. 폭은 한 뼘보다 조금 더 길면 될 것 같았다. 폭 23센티, 길이 2미터 3센티의 판재에 지름 16센티의 구멍을 만들기로 했다. 나무를 창틀과 창 사이에 끼우고 문풍지를 바르면 바람이 훨씬 덜할 터였다.

치수에 맞춰 길게 나무를 자르고 둥근 구멍만 뚫으면 되는 간단한 작업이었다. 컴퍼스로 원을 그리고 원 안쪽에 드릴로 톱날 넣을 구멍을 뚫었다. 얇은 톱날을 가진 직소를 넣어 원 모양으로 얼추 잘라냈다. 그리고 둥근 원을 만들기 위해 120방의 거친 사포로 샌딩을 시작했다. 그런데 원만하게 둥근 원이 아니라 어딘가 찌그러진 모습이었다. 이쪽저쪽을 맞춰가자 겨우 둥근 원의 모습을 갖출 수 있었다.

나무를 직선으로 자르기는 쉽다. 하지만 둥글게 잘라내려면 직선으로 자르는 것보다 더 많은 수고를 해야 한다. 더 많은 노력을 필요로 하기 때문일까. 곡선은 부드러움을 자아낸다. 부드러움이 강함을 이긴다고 했다. 그러고 보니 공구에 끼우는 비트들 대부분은 원형이다.

재단기나 각도절단기의 톱도 원형이고 트리머(trimmer)와 루터테이블에 끼우는 비트도 모두 둥근 모양이다. 이 원형의 비트들은 빠르게 회전하면서 밀도 깊은 나무에 홈을 내고 구멍을 뚫고 나사를 돌린다. 원은 부드러운 곡선으로 이루어지지만 어떤 무엇보다 강한 힘을 가지고 있다.

부드러운 것이 강한 것을 이긴다는 것이 이것일까? 나는 부드러웠을까? 아니다. 나는 모난 구석이 많았다. 조금만 자존심이 상해도 버럭 화를 내기 일쑤였고 다음 날에는 어김없이 그것을 후회했다. 나는 모나고 약한 존재였다. 나는 어떻게 살고 싶었을까?

훌륭한 전사는 무용을 떨치지 않고 싸움을 잘하는 자는 성내지 않으며, 가장 잘 이기는 자는 적을 상대하지 않고, 사람을 가장 잘 쓰는 자는 그들 앞에서 몸을 낮춘다. 이것을 다투지 않는 덕이라 하고 이것을 남의 힘을 쓰는 길이라 하며, 이것을 하늘의 지고함과 필적하는 일이라고 한다. -《도덕경道德經》68장
善爲士者不武, 善戰者不怒, 善勝敵者不與, 善用人者爲之下, 是謂不爭之德, 是謂用人之力, 是謂配天古之極.

사람은 자신이 잘하는 것을 내세우려 한다. 그렇게 함으로써 자신이 더 나은 인간처럼 보이기를 원한다. 그러나 진정 훌륭한 전사는 무용을 뽐내지 않는다. 싸움을 잘하는 사람은 성을 내지 않는다. 이미 자신에게 그것이 갖추어져 있기 때문이다. 몸을 낮추어도 스스로가 비천해지지 않기 때문이다. 그 때문에 다투지 않으면서도 돋보이고 돋보이지 않으면서도 사람과 관계를 맺는다.

나는 그런 사람이고 싶었다. 하지만 문제는 내게 그런 덕이 갖추어지지 않았던 데 있다. 아니, 덕은 차치하고라도 뽐낼 수 있는 무엇 하나 가지지 못했다. 그러면서도 자신을 내세우고 싶었기 때문에 쉽게 상처받고 쉽게 성내고 또 쉽게 등을 돌려버린 것이었다.

안다는 것과 실천한다는 것은 또 다른 문제다. 꼬시까의 부드러운 털에 날카로운 신경을 잠재웠지만 그건 잠시였다. 원은 그 완만함과 부드러움이 있기에 나무를 뚫고 지나갈 수 있었을 것이다. 그러나 나는 모났

어려운 걸 찾아가는 게 인생이지.

기 때문에 회전할 수 없고, 둥글게 회전하지 못하기에 부딪혔다. 부딪힘은 결국 자신의 상처로 연결되었다.

원의 부드러움과 원의 강함과 또 원의 원만함으로 세상을 살 수는 없는 것일까?

그러고 보니 나와 원은 또 깊은 인연이 있다. 어린 시절 어머니가 다니시는 절이 있었다. 그 절에는 학생부가 있었는데, 초등학교 저학년 꼬마인 나도 일요일에는 절에 나가 어린이 법회를 드렸다. 중학생쯤이었을까? 절에서 떠나는 수련회에 참가한 적이 있다. 수련회의 대단원은 부처의 계율을 받는 수계식이었다.

수계를 받기 위해서는 먼저 거쳐야 할 관문이 있었다. 전날 저녁 부처에게 1,000배를 올려야 했다. 절을 한 번 할 때마다 손에 든 염주를 하나씩 돌리고 108 염주가 한 바퀴 돌고 나면 향을 꽂았다. 108 염주를 열 번 돌리고 열 개의 향을 꽂아야 1,000배는 끝이 난다. 500배가 넘어가니 무릎이 자동으로 굽혀졌다. 다음 날에는 무릎을 꿇고 두 시간 가량 이어지는 스님의 법문을 들어야 했다. 그렇다고 끝이 아니었다. 팔뚝에 향불로 뜸을 들이는 염비를 해야 했다. 그렇게 해서 받은 내 법명이 '원경圓鏡', 즉 둥근 거울이었다.

원圓에는 둥글다는 뜻 외에 가득 찼다는 의미도 포함된다. 원경이란 법명에는 온 세상에 가득 찬 거울로 원만히 세상을 들여다보라는 뜻이 담겨 있었다. 그런데 나는 그렇게 살지 못했다. 많은 사람들이 고전 구절에 공감하면서도 쉽게 따르지 못하는 것처럼 나 역시 그랬다. 그런 마음만 품었지 실제 나는 둥글지도 채워지지도 않았다. 그저 먼지 낀 거울이었다.

불교에서는 사람이 죽으면 또 다른 세상으로 옮아간다는 윤회를 말한다. 이 윤회는 영원히 도는 수레바퀴와 같다. 벗어날 수 없는 것이다. 이 수레바퀴에서 벗어나는 방법은 깨달음을 얻는 것뿐이다.

톱이 돌아가고 비트가 돌아간다. 원형의 부드러움이 강함을 이기는 이유는 회전 때문이다. 이 회전은 시작도 끝도 없다. 마치 쳇바퀴를 도는 일상의 반복 같고 윤회에서 벗어나지 못하는 인간의 모습인 것만 같다. 그러나 그 회전이 있기에 비트는 자신의 몫을 다한다.

우리가 부처의 깨달음을 얻을 수 있을까? 그래서 회전의 축을 벗어날 수 있을까? 벗어날 수 없다고 포기해야 할까? 아니다. 벗어나지 않아도 그 속에서 얻을 수 있는 것들이 충분히 있다. 우리가 할 수 있는 것들이 있다. 부드러운 물이 강함을 이기고 둥근 비트가 나무를 깎아내는 것처럼 내 삶에서 건져 올릴 수많은 것들이 있다.

원을 가로질러 행진하라

다시 한 번 윤회를 생각해보자. 윤회는 육도六道를 끊임없이 도는 것이다. 육도란 지옥, 아귀, 수라, 축생, 인간, 천상의 여섯 세계다. 지옥은 말 그대로 지극한 고통의 공간이고 아귀는 코끼리만 한 위에 바늘구멍만 한 입을 가진 배고픔의 세계, 수라는 끝없는 싸움과 다툼의 세계다. 동물로 태어나거나 사람으로 태어날 수도 있다. 하지만 선업을 쌓으면 천상으로 갈 수 있다. 천상으로 간다고 끝일까? 천상에서의 시간은 선업의 무게만큼이다. 인간은 다시 육도를 돌고 돌아야 한다.

나는 육도가 따로 존재하는 공간이 아니라고 생각한다. 우리가 사는 현실이 지옥이고 축생이고 천상이다. 끝없는 고통에 시달리는 자에게 현실은 지옥이다. 배고픈 사람에게 현실은 아귀이고, 다투는 자에게 세상은 수라다. 세상에 어디 사람만 있나? 사람으로 태어났으나 짐승만 못한 자도 있다. 하지만 또 누군가는 이 세상의 또 다른 공간과 시간에서 행복을 느낀다. 행복한 그때, 자신은 천상에 머무름이다.

생각해보니 나는 물처럼 살고 싶었다. 한없이 부드러우면서도 깨지지 않는 물이 되고 싶었다. 천하에 물보다 더 부드럽고 약한 것은 없다. 그러나 굳고 강한 것을 공격하는 데 있어서는 능히 물보다 나은 것이 없다. 달리 그것을 대신할 만한 것이 없기 때문이다. 약한 것이 강한 것을 이기고 부드러운 것이 모진 것을 이긴다는 이치를 천하에 모르는 사람이 없건만, 이것을 능히 실행할 줄 아는 사람은 없다.

형체가 없는 물은 형체가 있는 바위에 구멍을 낸다. 칼을 휘둘러도 물은 잠시 갈라질 뿐 곧 그대로의 모습으로 돌아온다. 무엇으로도 벨 수 있는 것 같지만 어느 무엇으로도 벨 수 없는 게 또한 물이다. 이 부드러운 물은 또 무엇이든 뚫는 힘을 가지고 있다. 물은 부드럽지만 강하고 또 강하지만 차별하지 않는다.

최상의 선은 물과 같다. 물의 선함은 만물을 이롭게 하면서도 다투지 않고 모든 사람이 싫어하는 곳에 있으면서도 이에 만족한다. 까닭에 물은 도에 가깝다. 사람들이 주거지를 만드는 데는 지반이 튼튼한 땅을 좋아하고, 여러 가지 생각 중에는 뜻깊은 것을 좋아하며, 친구를 사귐에는 어진 사람을 좋아하고, 말에는 신의가 있음을 좋아하며, 정치에 있어서는 질서 있음을 좋아하고, 일을 처리하는 데는 실효 있음을 좋아하며, 행동하는 데 있어서 때를 어기지 않는 것을 좋아하면 결코 어긋나는 일이 없게 될 것이다. – 《도덕경》 8장

上善若水, 水善利萬物而不爭, 處衆人之所惡, 故幾於道, 居善地, 心善淵, 與善仁, 言善信, 政善治, 事善能, 動善時, 夫唯不爭, 故無尤.

노자가 최상의 선이 물과 같다고 이야기한 것은 물이 만물을 이롭게 하면서도 다투지 않고, 모든 사람이 싫어하는 곳에 있으면서도 만족하기 때문이다. 물은 또한 차별하지 않는다. 하늘에서 내리는 비를 보면 알 수 있다. 비가 어디 더러운 곳과 깨끗한 곳을 차별하여 내리던가. 흐르는 물을 보아도 알 수 있다. 물은 그곳이 어디인지 가리지 않고 변함없이 높은 곳에서 낮은 곳으로 흐른다.

사물의 이치는 간단한 곳에 있다. 지반이 약한 곳에 집을 지으면 조그만 충격에도 집은 무너진다. 생각은 깊게 하고 친구는 신의로써 사귀어야 한다. 정치는 무질서한 상태를 조정해 질서를 만들고 그럼으로써 사람이 살기 좋은 세상을 만들기 위해 존재한다. 기본을 지키면 어긋날 일이 없다. 그것은 높은 깨달음이 아니다.

사람들은 깨달음이 높고 먼 곳에 있을 거라 생각한다. 그래서 찾아보려 하지 않고 미리 포기한다. 높은 깨달음을 구하기 위해 발버둥 칠 필요 없다. 합당한 것을 찾아 나서면 합당한 것이 내게 올 것이다.

먼저 당연한 것을 실천해보는 것이다. 집을 짓기 위해 지반이 튼튼한 땅을 찾는 것처럼 내 삶의 지반을 다져보는 것이다. 둥근 원처럼, 부드러운 물처럼 살기 원한다면 그런 모습을 하나씩 실천해가는 것이다.

고양이의 통로를 만들다 윤회의 수레바퀴를 돌고 있는 자신을 발견했다. 발견은 시작이다. 그 시작을 이어나가야 한다. 원형의 톱날과 비트가 나무를 자르고 홈을 내기 위해서 나무는 또 앞으로 나아가야 한다. 아무리 빠르게 회전하고 있어도 나무를 갖다 대지 않으면 아무것도 만들어지지 않는다. 원의 부드러움을 닮고 싶다. 원의 회전이 만들어내는 강함을 가지고 싶다. 내가 욕심이 많은 걸까?

"그래도 그렇게 되고 싶다. 마음만으로라도."

오늘도 둥근 비트를 돌려 나무를 깎는다. 원은 회전하지만 직선의 자국을 남긴다. 그 자국을 따라 나도 가고 싶다. 하지만 먼저 원처럼 둥글어야 하고 비트처럼 회전해야 함을 깨닫는다. 오늘도 목공은 반성이다.

내가 만든 통로에 얼굴을 내밀고 있는 훌리오(왼쪽)와 꼬시꺄(오른쪽)

살다 보면 좋은 일이 있고 나쁜 일이 있다.

힘든 일이 있고 쉬운 일도 있다.

기쁘게 받아들일 일도 있지만 끝내 해야 할 일도 있다.

나쁜 일을 건너뛰고 힘든 일을 회피하며 이룰 수 있는 일은 없다.

모든 과정이 합쳐질 때 가구는 완성된다.

4장

샌딩

격을 것은 격어야 한다

거치지 않으면 이루어지지 않는 것들

천신만고 끝에 논문은 얼추 마무리가 되었다. 사제師弟인 진리지앙의 도움이 없었다면 어떻게 되었을지 모를 일이다. 논문이 막바지에 이르렀을 때, 진리지앙은 아예 우리 집에서 기거하며 함께 토론하고 문장을 손보고 교정까지 봐주는 수고를 마다하지 않았다. 하지만 이것이 끝이 아니었다. 내게는 커다란 산이 하나 남아 있었다.

중국에는 논문 예비심사라는 것이 있다. 논문을 쓰면 바로 심사를 하는 것이 아니라 이 논문이 심사받을 만한 수준이 되는지 먼저 점검하는 제도다. 전공 분야의 교수들 세 명에게 먼저 논문을 보인 후, 심사를 해도 된다는 도장을 받아야 한다. 내 논문은 예비심사는 통과했고 본 심사를 남겨두고 있었다.

중국어로 다비엔이라 불리는 논문 발표를 앞두고 내가 발을 동동 구른 이유는 미약한 중국어 실력 때문이었다. 서른 중반에 시작한 중국어는 내게 커다란 난관이었다. 게다가 결정적으로 나는 성조를 잘 지키지 못했다. 먼저 논문의 개요를 말하고 질문의 시간을 갖는데, 논문 개요에 대한 설명도, 답변도 잘할 자신이 없었다. 게다가 이 과정은 매우 엄격하여 발표 중에는 지도교수도 함께할 수 없었다.

이 난관을 어떻게 헤쳐나가야 할지 하루하루가 한숨이었다. 파워포인트를 만들어 설명해보려 했더니만 발표하는 방에는 그런 시설이 없다고 했다. 일단은 발표할 원고를 준비하고 연습을 해보았다. 중국인 친구들에게 들려주었는데 표정이 영 신통치 않았다. 다른 방법을 강구해야만 했다.

궁하면 통한다고 했던가? 한 가지 방법이 떠올랐다. 시대에 뒤떨어졌다고 생각할지 모르지만 내가 생각한 방법은 차트를 만드는 것이었다. 당장 집에서 뛰쳐나가 커다란 스케치북을 샀다. 그리고 스케치북에 그림을 그리고 글씨를 써서 차트를 만들었다. 차트를 보면 말을 잘 알아듣지 못해도 내용을 이해하는 데는 문제가 없을 터였다.

드디어 논문 발표일이 왔다. 중국에서는 석사과정도, 박사과정도 3년이다. 그리고 한국과 달리 박사도 3년, 늦어도 4년 내 졸업하는 것이 보통이다. 나는 5년 차였으므로 다른 중국인 동문에 비하면 늦은 편이었다. 먼저 사매가 발표하고 질의응답을 했다.

콩닥콩닥 가슴이 뛰었다. 이윽고 내 차례가 왔다. 머쓱하게 일어나 스케치북을 펼쳤다.

"오… 오!"

장내가 조금 술렁였다. 내가 생각한 것보다 훨씬 뜨거운 반응이었다. 교수들은 차트까지 만들어온 유학생의 열의에 감동한 눈치였다. 한번 호의적인 분위기가 형성되니 다음은 일사천리였다. 스케치북의 글과 그림을 가리키며 논문 내용을 이야기했다. 논문 발표는 대성공이었다.

나는 논문 발표를 정말 피하고 싶었다. 피할 수만 있다면 피했을 것이었다. 하지만 발표를 하지 않고는 졸업을 할 수 없었다. 피할 수 없다면 돌파해야 했는데, 그 과정이 부끄럽고 싶지 않았다. 스케치북으로 만든 차트는 사실 고육지책이었다. 하지만 그렇게라도 잘해보려 하는 내 마음이 통했다.

모든 일에는 거쳐야 할 과정이 있다. 과정을 건너뛰고 결과로 바로 갈 수는 없다. 그 과정이 쉽다면 하지 못할 일은 아무것도 없을 것이다. 어렵고 힘든 과정을 거치기에 결과가 더 아름다워 보이는지도 모른다. 가구도 그렇다. 과정을 거치지 않으면 가구는 완성되지 않는다.

과정 속의 가구들

공방의 한쪽 벽에는 완성되지 않은 가구들이 쌓여 있다. 완성되지 않았다는 말은 가구 입장에서는 완성을 기다린다는 것이고 사람 마음에서는 완성만 남았음을 의미한다. 남아 있는 가구들의 상태는 조금씩 다르다. 완성을 해나가는 데도 단계가 있다.

첫 번째 단계는 재단만 된 나무들이다. 나무만 잘라놓고 아직 조립을 시작하지 않은 상태의, 이른바 준비만 되어 있는 경우다. 다른 사람들 것과 섞이지 않도록 랩에 쌓여 있다. 비록 조립이 되지 않았어도 가구 만들기는 이미 시작되었다고 할 수 있다. 이미 한 걸음을 떼었기 때문이다. 다음은 조립 과정에 있는 가구들이다. 완전한 형태를 갖추진 못했지만 탁자라면 에이프런이 만들어져 있고 책장에는 사각형 틀이 잡혀 있다. 나무를 조금만 더 연결하면 금방 제 모습을 갖출 가구들이다. 마지막은 형태는 갖추었으나 마감이 되지 않은 가구들이다. 마감이라고 하면 사포를 이용하는 샌딩과 오일을 바르는 칠이다.

가구를 만드는 일은 하나의 과정이다. 시작이 있고 끝이 있다. 가구를 만드는 시작은 무엇일까? 나는 도면을 그리는 일이라고 생각한다. 가구를 만들겠다는 마음을 가졌다고 시작일까? 우리는 수도 없이 무언가를 결심한다. 머릿속에서 썼다 지운 생각은 셀 수조차 없다. 내일부터는 운동해야지, 오늘 저녁엔 책을 보아야지, 이것만 먹고 다이어트 해야지. 하지만 그뿐인 경우가 대부분이다. 머릿속으로는 운동으로 다져진 근육질의 몸을 그리고, 책을 읽는 지성인의 모습을 꿈꾸며 예쁜 옷을 맵시 있게 입은 아름다움을 상상하지만 시작은 생각처럼 만만치 않다.

도면은 가구를 만들 때 내 몸을 움직여 처음 하는 일이다. 도면을 통해 상상 속에만 존재했던 가구가 구체적인 모습으로 바뀌어간다. 나무를 결합하는 방식도 이때 결정된다. 홈을 파서 연결하려면 홈과 장부의 깊이를 감안하여 치수를 결정해야 한다.

도면 그리는 일은 내가 만들 가구의 전체 모습을 장악하는 과정이다. 가구의 완성이 목표라고 한다면 그 목표에 도달하는 방법과 방향은 도면에서 결정된다. 도면을 그리면서 내가 할 수 있는 방법과 할 수 없는 방법이 걸러지고 내게 가장 이상적인 방향이 도출된다.

처음 가는 곳을 여행할 때처럼 도면은 그곳을 알아가는 여정이다. 어떤 나무를 쓸지는 어떻게 그곳에 갈지, 교통수단을 결정하는 것과 비슷하다. 걸어도 좋고 기차를 타도 좋다. 여행을 계획하며 꼭 가고 싶은 곳, 먹고 싶은 것, 묵을 곳을 결정하듯 도면은 가구의 여정을 채워나가는 시작이다.

이렇게 가구는 시작된다. 그다음은 조립이다. 짜맞춤을 하든, 목공 본드와 피스를 이용하든 조립은 역동적인 과정이다. 무언가가 만들어지는 과정을 직접 체험하면 재미를 느끼게 된다. 그런데 조립까지의 과정은 전체 가구의 공정 중에 조금 과장해서 말하면 50%밖에 되지 않는다.

뼈대를 세웠으면 표정을 만들어야 한다

조립이 끝나면 지루함을 이기고 완성으로 나가야 할 샌딩과 칠이 기다린다. 보통 샌딩과 칠만 남았다면 가구를 다 만들었다고 생각할지 모른다. 사포질 몇 번 하고 쓱싹쓱싹 칠하는 게 뭐 어려운 일이냐고 반문할지 모른다. 하지만 그 작업은 마지막을 빛낼 지난한 과정이다. 갈고 닦지 않으면 결코 완성의 기쁨을 맛볼 수 없다.

자공이 공자에게 물었다. "가난하지만 아첨하는 일이 없고, 부유해도 교만하는 일이 없다면 어떻습니까?"
공자가 말했다. "옳은 일이다. 그러나 가난해도 도를 즐기고 부유해도 예를 좋아하는 것만 같지 못하다."
자공이 다시 말했다. "시詩에 이르기를 '여절여차如切如磋 여탁여마如琢如磨'라고 했는데 바로 이런 것을 두고 한 말이군요."
그러자 공자가 말했다. "너와 함께 가히 시를 말할 수 있겠구나. 이미 들은 것으로 장차 있을 것까지를 아는구나." – 《논어》 〈학이學而〉
子貢曰 : "貧而無諂, 富而無驕, 何如."
子曰 : "可也. 未若貧而樂, 富而好禮者也."
子貢曰 : "詩云, '如切如磋, 如琢如磨', 其斯之謂與."
子曰 : "賜也, 始可與言詩已矣. 告諸往而知來者."

'여절여차 여탁여마'는 끊는 듯하고 쓰는 듯하며, 쪼는 듯하고 가는 듯하다는 말이다. 여기서 '절차탁마切磋琢磨'라는 말이 나온다. 학문이나 인격을 톱으로 자르고 줄로 쓸고 끌로 쪼고 갈아 빛을 내야 한다. 그렇게 다듬고 다듬기를 끊이지 않고 반복해야 비로소 군자가 된다. 공부는 평생 동안 계속된다. 무언가를 깨닫고 얻고, 그래서 내 삶에 변화가 온다면 그것이 모두 공부다. 수양도 마찬가지다. 오늘 먹은 바른 마음이 내일에 이르고 내일에 이른 그 마음이 끊임이 없도록 갈고 닦아야 한다.

가구라고 다르지 않다. 조립은 형태를 세우는 일이다. 그 형태는 뼈대와 같다. 우리는 모두 뼈대를 가지고 있다. 사람이라는 뼈대, 잘살고 싶다는 뼈대, 무언가를 이루고 싶다는 뼈대를 가지고 있다. 그러나 그 뼈대는 완성이 아니다. 사람은 206개의 뼈를 가지고 있다. 뼈는 골격을 이루어 사람의 대체적인 모습을 형성한다. 그러나 기쁨과 슬픔, 웃음과 울음을 표현하는 얼굴은 사람마다 모두 같지 않다. 같지 않은 표정으로 사람들은 세상을 산다.

뼈대를 세웠으면 표정을 만들어야 한다. 물론 뼈대를 세우는 일도 쉽지 않다. 가난해도 아첨하지 않고 부유해도 교만하지 않기 위해서는 대쪽 같은 구조가 있어야 한다. 어렵고 힘들면 기대고 싶고 남이 없는 것을 가지고 있으면 자랑하고 싶어진다. 그래, 이 세상 살며 도움 주고 도움 받고 또 때로는 내세우는 것이 뭐 그리 큰 잘못이란 말인가? 그러나 그 마음이 문제다. 도움을 당연한 것으로 여기고 조금 있다고 업신여기기를 버릇처럼 한다면 어찌 더불어 살 수 있겠는가? 그래서 그런 자신을 받쳐줄 구조재가 필요한 것이다.

그냥 다리를 네 개 세우고 널찍한 판재를 얹는다고 해서 탁자가 만들어지는 것이 아니다. 만들어진 것은 그 모습뿐이다. 나무는 수축과 팽창을 거듭한다. 다리 위에 그냥 나무를 얹어 탁자를 만든다면 상판은 곧 휠 것이고 다리는 금방 삐끗거릴 것이다. 때문에 상판과 다리를 안정되게 하는 에이프런을 만들어 탁자에 달아야 한다. 그럼 탁자의 모양이 갖추어진다.

삶의 뼈대, 삶의 방향이 갖추어지면 그것을 즐길 수 있도록 해야 한다. 가난해도 도를 즐기고 부유해도 예를 좋아하는 것처럼 탁자를 즐길 수 있도록 만들어야 한다. 탁자를 만들었는데 모서리를 만질 때마다 가시가 박힌다면 어떨 것인가? 표면이 너무 거칠어 맨살이 닿을 수 없다면? 허기를 채우기 위해 먹은 라면 국물 한 방울이 지워지지 않는 얼룩으로 남는다면 어떨 것인가? 그런 상태의 탁자는 즐길 수 없다. 그저 탁자의 모습을 하고 있을 뿐, 그 탁자는 자신의 역할을 완전히 수행하지 못하는 불완전한 상태다.

거치지 않으면 이루어지지 않는 일들

샌딩을 하면 면이 매끄러워진다. 날카로운 모서리와 각은 작고 미묘한 곡선을 그리게 된다. 그러나 샌딩을 하는 이유는 매끄러운 면과 부드러운 각을 만들기 위해서만이 아니다. 샌딩을 하면 가시가 생기지 않는다. 무언가에 부딪혔을 때 나무가 깨지지 않는다. 아름다움과 실용이라는 두 가지를 위해 가구에는 샌딩을 해야만 한다. 샌딩은 마감의 첫 단계다.

샌딩이 힘들고 지루한 이유는 손을 움직여 반복해야 하기 때문이다. 물론 넓은 면은 전기로 움직이는 샌딩기를 이용할 수 있다. 각진 모서리를 둥글게 만들고 싶다면 트리머를 쓰면 된다. 하지만 마지막에는 손이 가야 한다. 손은 기계가 닿지 않는 부분을 어루만진다. 기계가 구현해낼

넓은 면은 샌딩머신으로 작업이 가능하지만 좁은 면은 일일이 손으로 샌딩을 해야 가구를 완성할 수 있다.

수 없는 매끈하고 부드러운 면과 모서리를 만든다. 가구의 구석구석을 만져야 하기에 이 작업은 만만하지 않다.

사포질을 꽤나 하고 나면 이마에 땀이 송골송골 맺힌다. 무언가 만들어지는 것이 눈으로 보이지 않기에 손끝으로 달라진 나무의 겉면을 만지며 반복을 거듭해야 한다. 한 번 쓱 문지르고 끝나는 샌딩은 없다. 문지른 곳을 또 문지르고 또 문질러야 한다. 그 과정을 거듭하고 나서야 반반한 나무를 만날 수 있다. 비로소 즐길 수 있는 가구의 첫걸음이 완성되는 것이다. 하지만 역시 중요한 것은 속과 겉이 모두 제 모습을 갖추어야 함이다.

절차탁마라는 말은 《대학》에도 나오지만 본래 《시경》의 시에서 비롯되었다. 사서오경의 하나로 중국 고대의 시가를 모아 놓은 《시경》은 3,000여 수의 시를 공자가 300여 편으로 모아놓은 책이다. 공자는 《시경》의 시 300수에 대해 '사무사思無邪', 즉 생각에 사특함이 없다고 했다.

그런데 《시경》의 시 속에서 절차탁마가 표현한 것은 사랑하는 님의 외모였다.

기수의 저 물굽이에(瞻彼淇奧)
푸른 대 우거져 있네(綠竹猗猗)
어여쁜 우리 님이여(有匪君子)
끊는 듯 닦는 듯(如切如磋)
쪼는 듯 가는 듯하시네(如琢如磨)
엄하고 너그럽고(瑟兮僩兮)
환하고 빼어난 님이여(赫兮咺兮)
어여쁜 우리 님(有匪君子)
끝내 잊을 수 없으리(終不可諼)
– 〈위풍衛風〉 '기오淇奧' 제1연

공자는 시에 인간의 순수한 감정이 담겨 있다고 생각했다. 때문에 중요시했고 시에서 삶의 전범을 찾았다. 비록 외모에 대한 표현이었지만 공자는 절차탁마를 학문과 수양에 비유하여 끊임없는 자신에 대한 노력으로 전환하였다. 도는 멀리 있지 않다고 했다. 주위의 모든 것이 나를 발견하는 사물이 된다. 단지 발견에 그쳐서는 안 된다. 발견은 숙성되어야 하고 숙성은 자신을 채우는 과정이어야 한다. 가구를 만드는 일에는 완성이 있을지 모른다. 그러나 우리 삶에는 완성이 없다.

가구의 뼈대가 없으면 샌딩도 할 수 없다. 뼈대를 만들었다 해도 샌딩을 하지 않으면 가구를 즐길 수 없게 된다. 사람들은 한 번에 이루어지기를 바란다. 나 역시 그렇다. 지난한 과정 없이 자고 일어나면, 눈 한 번 감고 나면 무언가가 이루어져 있기를 바란 적이 한두 번이 아니다. 부질없는 생각인 줄 알면서도 그런 바람을 품고 산다.

거대한 기계도 작은 부품들이 모여 움직인다. 소중하지 않은 것들은 없다. 필요하지 않은 과정도 없다. 그것을 겪어야, 그 과정을 지나야 그곳에 닿을 수 있다.

흐르는 물은 구덩이를 채우지 않고는 앞으로 나아가지 않는다.

–《맹자》〈진심〉上

流水之爲物也, 不盈科不行.

물이 흘러 구덩이에 닿는다. 움푹 팬 구덩이에 물이 스민다. 결국 구덩이가 다 찰 때까지 물은 흐르지 않는다. 구덩이를 다 채우고 나서야 물은 앞으로 나아간다. 건너뛰고 이루어지는 일은 없다.

힘들고 외로울 때 우리는 그것이 빨리 지나가기를 바라지만 그만큼 힘들어야, 그만큼 외로워야 슬픔과 외로움을 이겨낼 수 있다. 물이 구덩이를 건너뛸 수 없는 것처럼 우리네 인생도 겪어야 하는 일은 모두 겪어야 지나간다.

아주 힘들고 세상이 각박하게 여겨질 때마다 나는《맹자》의 구절을 떠올린다. 과정을 지나야 결과가 있음을 기억한다. 뼈대를 세우고 샌딩을 하지 않으면 제대로 된 가구를 만들 수 없다. 뼈대만도 아니고 샌딩만도 아닌 그것이 합쳐져야 한다. 그런 후에야 칠을 할 수 있다. 칠이라는 마지막 과정을 위해, 빛나는 대단원을 위해 그만큼 노력해야 한다.

"겪을 것은 겪어야 한다. 하지만 그것이 끝은 아니다."

마지막으로 가는 그 길이 가장 힘들다.

시작하지 않으면 아무런 일도 일어나지 않는다.

그러나 시작했으면 끝까지 가야 한다.

스스로 거기까지라고 한계를 긋지 말자.

그 한계는 내 의지의 한계일 뿐,

내 가능성의 한계가 아니다. 나는 가능성의 한계를 오해했다.

나는 하지 못할 것이라고 오해했다. 나에게 미안하다.

이제는 끝까지 가보고 싶다.

스스로에게 미안해하고 싶지 않다.

5장

오일

끝날 때까지는 끝난 게 아니다

떠남은 새로운 곳에서의 시작이다

중국에서 이삿짐을 싸던 날, 내 마음은 7년의 세월을 부유했다. 배로 대부분의 짐을 보내고 텅 빈 살림을 바라보는 내 마음은 쌍곡선을 그리며 교차했다. 언제 다시 이곳에 올지 모르겠다는 생각도 들었다. 하지만 이것은 끝이 아니었다. 여기서의 생활은 끝이 났지만 다시 한국에서의 삶이 시작될 터였다.

후회가 많았다. 조금 더 열심히 해볼 것을, 조금 더 부지런하게 다녀볼 것을, 조금 더 많은 것을 보고 느끼고 생각하고 썼어야 할 것을. 마지막에는 늘 아쉬움이 남는다 하지만 나는 스스로의 한계에 갇혀 있었음을 뼈저리게 깨달았다.

'이 정도면 됐어.' 마치 좌우명처럼 내 삶을 지배해온 그 말이 새삼 부끄러웠다. 부끄러움이라도 느끼는 자신을 보며 그나마 안도했다. 그 정도도 모를 바보는 아닌가 싶었다. 후회되는 것은 넘치고 넘치지만 중국생활에서 가장 후회되는 일이 하나 생각났다.

논문도 마무리되고 한적한 시간을 보내고 있었다. 돌아보자니 많은 일들이 있었고 또 많은 사람을 만났고 재미있었고 가슴 아프기도 했다. 그래도 마음에 걸리는 것이 중국어였다. 아무리 늦게 시작했고 언어에 재능이 없다고 하지만 조금 심한 실력이라는 생각이 들었다. 그래서 아파트 단지에 있는 중국어 학원에 등록을 했다.

내가 등록한 반은 기초 중의 기초인 '301구'반이었다. 흔히 싼링야오라고 하는 초보 교재로 중국어를 배우는 반이었다. 이 책에는 발음부터 시작해서 간단한 인사말, 짧은 생활용어가 담겨 있었다. 모두 알고 있지만 나는 발음과 성조를 교정하고 싶었다.

학생들은 선생님의 발음을 따라 한다. 그리고 한 사람씩 소리 내어 읽는다. 성조와 발음을 정확하게 구사하는지 점검 받기 위해서다. 내 차례가 왔다. 선생님이 중국어로 뭐라 말하고 다시 내가 대답했다. 선생님은 내가 왜 이 반에 들어왔는지 의아한 눈치였다.

솔직히 이야기했다. 발음과 성조를 교정하고 싶다고, 그래서 기초를 다시 들으려 했다고. 그렇게 초급 과정을 다시 시작했다. 그래서 나는 발음과 성조를 교정했을까? 아니다. 그렇게 하지 못했다.

굳어버린 발음과 제멋대로인 성조는 이미 내게 체화되어 있었다. 그래서 신경 쓰지 않고 읽었고, 말할 때는 잘못된 버릇이 여지없이 드러났다. 이런 결과를 낳은 건 처음 나의 잘못 때문이었다. 7년 전에도 나는 싼링야오를 공부했다.

그때 선생님은 소리 내어 또박또박 많이 읽으라고 했다. 반복하고 반복해서 자연스럽게 그 발음과 성조가 나와야 한다고 했다. 그때 나는 어떻게 공부했을까? 나는 수를 정해놓았다. 내가 정한 수만큼 읽으면 공부를 다 끝냈다고 생각했다. 세 번 읽어서 안 되면 네 번을 읽고 그래도 안 되면 열 번을 읽어야 했는데, 나는 딱 세 번이라는 물리적 한계를 정해놓고 그것을 반복하기 바빴다. 그 결과가 이렇게 이어진 것이었다. 하지만 이제 떠나야 할 시간이었다.

가구를 만드는 것으로 따지자면 나의 중국 생활은 오일까지 모두 칠한 셈이다. 이제는 다른 가구를 만들어야 할 때다. 어떤 가구에 오일을 칠할 때는 큰 기쁨을 느낀다. 스스로를 대견해할 정도로 마음에 들기 때문이다. 그러나 또 어떤 가구에 오일을 칠할 때는 더없는 부끄러움을 느낀다. 최선을 다하지 않아 생긴 곳곳의 흠이 자신을 괴롭히기 때문이다. 하지만 처음부터 다시 만들지 않는 이상 마지막에는 오일을 발라야 한다.

오일을 바른다는 것에는 두 가지 의미가 있는 것 같다. 오일을 바르면 어쨌든 하나의 과정은 끝이 난다. 첫 번째 의미는 바로 이것이다. 오일을 발라야 끝이다. 오일을 바르지 않으면 아직 끝난 것이 아니다. 두 번째는 내 중국어와 같다. 오일을 바르면서도 불편한 느낌 말이다. 이 둘 모두 한계를 지웠기 때문이다. 다 만들어놓고 오일을 바르지 못한, 더 이상 나아가지 못한 한계가 하나고 이 정도까지 만들면 된다는 과정의 한계가 다른 하나다.

발라야 끝나는 것들

공방에서는 식물에서 추출한 천연 오일을 쓴다. 천년의 가구를 만들자는 뜻은 아닐 테지만 자연의 나무를 사용하였으니 자연에서 얻은 도료를 바르는 것은 당연한 일일지 모르겠다. 오일의 종류는 참 다양하다. 진하고 옅은 색 오일이 있는가 하면 무색의 오일도 있다.

단지 윤기 있어 보이라고 오일을 바르는 것은 아니다. 오일의 색이 다양한 것처럼 가구의 용도에 따라 바르는 오일도 조금씩 다르다. 항상 물기를 접해야 하는 가구에는 방수 기능이 있는 오일을 쓰고 바깥에 두어야 하는 가구에는 방부 기능의 오일을 사용한다. 오일은 나무를 튼튼히 하는 내구적 역할까지 수행한다.

천연 오일은 조금 불편하다. 석유화학 제품이 들어가 있지 않기 때문에 건조하는 데 시간이 꽤 걸린다. 두 번을 바른다고 하면 한 번 칠을 하고 하루를 기다려야 한다. 시너가 들어갔다면 금방 훅 하고 날아가 마를 텐데, 천연 오일은 그렇지 않다. 역시 더 좋은 것을 만들기 위해서는 시간과 공을 들여야 한다.

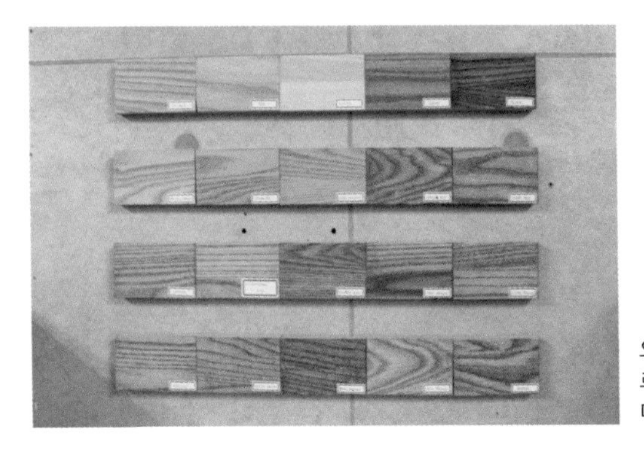

오일의 색깔은 천차만별이다. 바르는 오일에 따라 같은 목재라도 다양한 빛을 띤다.

공방에서는 천에 오일을 적셔 가구에 문지르는 방법으로 칠을 한다. 지금은 투인원을 사용해서 오일과 왁스 도장을 한 번에 끝내지만 예전에는 하도를 먼저 바르고 그 위에 상도를 바르는 두 번의 칠을 해야 했다. 하도는 나무에 스미고 상도는 그 위를 덮는 역할이다. 천에 오일을 묻히고 꾹꾹 눌러 칠하다 보면 손가락이 저릴 정도다.

오일 스테인과 관련하여 정말 힘들었던 기억이 있다. 이사를 하며 책장을 짜기로 마음먹었다. 시중에 나오는 책장은 보통 다섯 단으로 이루어져 있다. 여섯 단짜리 책장도 가끔 나오지만 한 단 차이로 값이 확 오른다. 7단이나 8단 책장은 찾기도 힘들다.

좁은 집에 책을 모두 꽂자니 여덟 단의 책장이 필요했다. 어떻게 만들지 한참을 고민하는데 공방장 늘보 선생님이 도마식으로 쌓으면 어떻겠냐고 제의해왔다. 좋은 생각이었다. 34밀리 두께의 물푸레나무로 다리를 세우고 그 위에 24밀리의 자작합판을 얹었다. 그렇게 여덟 단을 올렸다. 조립과 샌딩까지는 어떻게 끝을 냈지만 칠을 하려니 엄두가 나지 않았다. 폭은 모두 230밀리였지만 길이는 1,200밀리가 16개, 1,600밀리가 16개였다. 총 길이가 44.8미터였다. 그런데 위와 아래를 모두 칠해야 하니 그 두 배, 다리까지 합하니 칠해야 할 길이가 100미터가 넘었다. 그 모두를 칠하는 날, 나는 정말 손가락이 부러지는 줄 알았다. 똑같은 일을 반복하려니 지루하기도 엄청 지루했다. 하지만 칠을 끝내고 부드러운 사포로 한 번 문지르고 나니 힘든 과정을 이겨낸 자신이 대견하기만 했다.

책장에 빼곡히 꽂혀 있는 책을 볼 때마다 나는 흐뭇한 미소를 짓는다. 내 수고가 들어간 책장에 내 길을 밝혀줄 책이 있으니 어찌 기쁘지 않겠나. 그래서인지 책을 빼고 꽂을 때마다 힘들었던 그날이 기억난다.

한 삼태기 흙이 결정하는 시작과 끝

우리는 소비의 시대를 살고 있다. 쓰고 버리는 것에 익숙하다. 사물을 소모품으로 취급하면 정을 느낄 수 없다. 나는 물건에도 인연이 있고 역사가 있다고 생각한다. 공방에는 아이들 가구를 만들러 오는 사람들이 많다. 초등학교 입학 선물로 책상을 만들어주려는 엄마, 따로 방을 갖게 된 아이에게 침대를 선물하고 싶은 아빠가 열심히 가구를 만든다. 아빠와 엄마는 가구가 아니라 가구를 만드는 마음을 주고 싶은 것일 터이다. 시간이 흐른 후에도 아이들은 그 책상과 침대를 잊지 못할 것이다. 그렇게 책상과 침대에 가족의 역사가 담긴다.

그런데 공방에는 샌딩과 칠만 남겨둔 가구가 유독 많다. 마감이 쉽지 않은 일이긴 하다. 하지만 마감만 하면, 오일을 바르면 나무의 무늬가 반짝일 텐데, 완성의 기쁨을 누릴 텐데 하는 아쉬운 마음이 드는 건 어쩔 수 없다. 물론 개인적인 사정이 있을 것이다. 갑자기 바쁜 일이 생겼을 수도 있고 멀리 이사를 가서 오기가 힘들었을 수도 있다. 하지만 마감을 하지 않은 가구는 완성품이 아니다. 완성품을 아직 만들지 않았기에 목공은 끝나지 않았다.

시작할 때는 두근거리는 마음으로 정성을 다해 나무를 연결했을 것이다. 처음 먹은 마음을 끝까지 이끌어 완성을 보는 일은 쉽지 않다. 한 번 먹은 마음은 3일을 가기 어렵다. 용의 얼굴을 그리지만 마지막은 뱀의 꼬리로 끝난다. 마지막 힘을 짜내 완성에 도달하지 않으면 우리는 기쁨을 맛볼 수 없다.

공자가 말했다. "학문은 비유하자면 산을 만드는 것과 같다. 마지막 한 삼태기의 흙을 더 부으면 완성할 수 있는데도 거기서 멈춘다면 그것은 내가 스스로 그만둔 것이다. 학문은 또한 평지를 메우는 것과 같아서 비록 한 삼태기의 흙을 퍼 넣었을 뿐이더라도 진전했다면 그만큼 내가 진보한 것이다." –《논어》〈자한子罕〉

子曰 : "譬如爲山, 未成一簣, 止, 吾止也. 譬如平地, 雖覆一簣, 進, 吾往也."

산을 만드는 것과 평지를 메우는 것은 모두 같다. 마지막 한 삼태기의 흙을 부어야 산이 될 수 있는데 붓지 않았다면 그것은 산이 아니다. 하지만 반대로 한 삼태기의 흙이라도 부었다면 이미 시작한 것이다. 시작하는 것도 어렵고 마치는 것도 어렵다. 하지만 시작에는 끝이 있고 끝이 있은 후에야 또 시작할 수 있다.

1995년에 개봉된 크리스토퍼 몽거 감독의 〈잉글리시맨〉이라는 영화가 있다. 1917년 웨일스의 한 마을에 영국인 지도 측량사가 도착한다. 피농가루라는 산의 높이를 재기 위함이다. 마을 사람들은 피농가루 산에 대해 대단한 자부심을 가지고 있다. 그런데 산의 높이는 980피트(299미터)였다. 산으로 인정받기 위해서는 1,000피트(305미터)가 되어야 하는데 피농가루는 20피트(6미터)가 모자랐다. 단 20피트가 모자란 피농가루는 산이 아닌 언덕으로 판정받을 수밖에 없었다. 언덕은 지도에 등재되지 않는다. 이때부터 마을 사람들의 눈물겨운 산 만들기 프로젝트가 시작된다.

사람들은 20피트를 높이기 위해 흙을 쌓고 또 쌓는다. 999.9피트까지 흙을 쌓아도 마지막 한 삼태기의 흙을 더 붓지 않아 1,000피트에 이르지 않으면 피농가루는 산이 아니라 언덕일 뿐이다. 공부를 하고 삶을 사는 데는 1,000피트와 같은 절대적이고 명확한 기준이 없다. 그것을 아는 자는 자신뿐이다. 부족한지, 더 나아가야 하는지는 스스로 느낀다. 그런데도 많은 사람들은 중도에서 멈춘다. 스스로 한계를 지어 나아가려 하지 않는다.

무언가를 돌파하면 쾅 하는 소리가 난다. 마치 비행기가 음속을 돌파

스스로를 한계 지으면 딱 거기까지다.

할 때 굉음을 내는 것처럼 머릿속은 충격에 휩싸인다. 그것은 느껴본 자만이 알 수 있는 희열이다. 그렇게 우리는 단계를 밟아 무언가를 이루고 세상을 살아간다.

공자의 말을 가구로 바꾸어보면 어떨까? 마지막 칠을 끝내면 완성할 수 있지만 거기서 멈추면 이루어지지 않는다. 비록 나사 하나를 박았을 뿐이라고 하지만 시작을 했으니 가구는 그만큼 만들어진 것이다.

스스로 긋는 한계의 획

아무리 힘든 노력을 했어도 끝을 보지 않으면 그것은 끝난 것이 아니다. 42.195㎞를 달려야 하는 마라톤 선수가 42㎞를 1등으로 달렸어도 나머지 0.195㎞를 더 달리지 않으면, 그 선수는 실격이다. 제일 늦게 들어왔다 해도 42.195㎞를 달린 선수는 완주를 한 것이다. 우리는 가끔 중간에 부상을 입고도 끝까지 포기하지 않는 선수들을 본다. 그리고 그 선수가 마지막 피니시 라인을 넘을 때, 모두 일어서서 그에게 열화와 같은 박수를 보낸다. 포기하지 않고 끝까지 달리는 그 모습 자체가 감동이기 때문이다.

무엇이든 시작은 중요하다. 시작이 있기에 끝이 있을 수 있다. 시작하지 않으면 실패할 수도 없다. 실패도, 꼴찌도 시작한 사람, 무언가를 시도한 사람에게만 주어지는 영광이다. 그러나 시작했으면 힘을 다해 끝까지 가야 한다. 힘을 다했을 때, 기회가 생긴다.

뉴욕 양키스의 전설적인 포수 요기 베라는《끝날 때까지는 끝난 게 아니다》에서 "제아무리 형편없는 경기일지라도 언제든 마지막 반전의 기회는 있다"고 말한다. 야구를 좋아하는 사람들은 야구를 인생의 축소판이라고 한다. 나도 야구 경기를 보며 인생을 느낀다.

타석에 타자가 들어선다. 타격을 잘하기 위해서는 공을 끝까지 보아야 한다. 하지만 공을 끝까지 보았다고 안타를 치는 것은 아니다. 절묘하게 꺾이는 투수의 공에 헛방망이질을 하기도 하고 빗맞은 타구를 날리기도 한다. 그러나 타자는 내야 땅볼을 치고도 1루를 향해 죽어라 뛴다. 뻔히 아웃 될 줄 알면서도 그렇게 뛰는 것은 이미 그가 타자가 아니라 주자이기 때문이다. 그때 야수가 공을 한 번 놓친다면, 아니 멈칫하는 몸짓이 시간을 벌어준다면 주자는 찰나의 순간으로 살 수 있다.

우리는 몇 번이나 살 수 있는 기회를 놓쳤을까? 아니, 몇 번을 시작했고 몇 번을 실패했으며 그중 몇 번을 해낼 수 있었지만 포기했을까? 우리는 내야 땅볼이라고 생각되면 1루를 향해 죽어라고 뛰지 않는다. 때문에 항상 아웃을 당해야 했다. 내야수가 공을 놓쳐도 몇 발자국을 더 가지 않았기 때문에 살 수 있는 기회를 놓쳤다.

안타가 아니라면 뛸 생각을 하지 않았다. 1루타라고 여기면 1루까지 나갈 생각만 했고 2루타를 쳤다고 생각되면 2루까지만 뛰려고 했다. 내야 땅볼을 치고도 살 수 있고 도루를 해서 2루로 갈 수도 있었다. 2루타를 치고 상대의 실수를 노려 3루까지 진루할 수 있었을지도 모른다. 그러나 많은 사람들은 안일한 주자가 되고 만다. 인생에서 찬스는 언제든지 온다. 그러나 찬스는 기다리는 것이 아니라 스스로 만드는 것이다. 그래야 자신이 자신의 인생에 해결사가 될 수 있다.

무슨 일을 할 때 중간에 멈추는 것은 나 역시 마찬가지였다. 조금만 더 손질하고 다듬으면 더 좋은 가구가 만들어짐을 알지만 그 정도에 만족했다. '그 정도면'이라는 한계가 항상 나를 막고 있었다. 더 갈 수 있는데, 더 할 수 있는데 중간에 멈춰버린 적이 많다. 거기까지를 스스로의 한계로 정하고 나아가지 않았다.

그 한계를 넘을 때, 새로운 세상이 펼쳐질 것이다.

염구가 말했다. "선생님 제가 도道를 좋아하지 않는 것은 아니나 힘이 부족합니다."
공자가 말했다. "힘이 부족한 자는 중도에서 포기하지만 너는 지금 스스로 한계의 획을 긋고 있다." -《논어》〈옹야雍也〉
冉求曰 : "非不說子之道, 力不足也."
子曰 : "力不足者, 中道而廢, 今女畫."

공자의 문제적 제자 염구는 우리의 모습과 다르지 않다. 공자는 염구의 재능을 아꼈지만 그는 끝내 공자의 뜻에 어긋나는 행동을 했다. 권력자인 계강자의 신하가 되었을 때 가혹한 세금을 매겨 이미 부유한 계강자의 배를 불렸던 것이다. 그때 공자는 제자들에게 염구가 더 이상 자신의 제자가 아님을 선포하고 북을 울려 그를 공격하라고 했다.

공방에는 마감을 하지 않은 가구들이 쌓여 있다. 정말 할 수 없는 사람은 중도에 포기한다. 그것은 정말 한계이기 때문이다. 마지막 힘을 짜내 걷다 쓰러지는 것과 '저기까지 가면 나는 쓰러지고 말 거야' 하는 생각은 다르다. 아직 힘이 남아 있음에도 거기까지를 한계로 정했기 때문에 그곳에 다다르면 더 이상 힘을 내려 하지 않고 쓰러지고 마는 것이다. 갈 때까지 가는 것이 아니라 가려고 한 곳까지만 가면서 더 이상 갈 수 없다고 투정을 부리는 것이다.

꼴찌를 해도 그에게 박수를 보내는 것은 자신의 한계를 넘어 끝까지

최선을 다했기 때문이다. 하지만 어차피 꼴찌이기 때문에 노력할 필요가 없다고 생각하는 사람에게는 보낼 찬사가 없다. 그저 해야 하기 때문에 한 것과 무엇이 다를까?

항상 거기까지라고 생각하지 말자. 우리가 생각한 '거기'를 없애자. 거기가 아니라 여기를 말하자. 여기까지 했지만 여기를 다시 시작이라고 생각하자. 나는 매 순간이 평지를 메우기 위해 한 삼태기의 흙을 붓는 그 순간이고 싶다.

목공을 한다는 것은 끊임없이 가구를 만드는 것이다. 가구 하나 만든다고 목공은 끝나지 않는다. 인생도 그러리라 생각한다. 사는 것은 끊임이 없고 그 과정에서 수많은 일들을 겪어나가는 것이 삶이다.

나는 아직 흙을 붓고 있다. 아마도 평생 흙을 부을 것 같다. 흙을 부으며 불평하고 도망치고 다시 돌아오기를 반복할 것 같다. 하지만 그러면서 또 살아가는 것 아니겠나. 내게는 부은 흙보다 부어야 할 흙이 더 많다. 다행이다.

"아직 아무것도 결정되지 않았다."

거리를 걸으면 지나가는 사람의 시선을 의식했다.

어딘가에 들어가면 또 누가 나를 어떻게 바라보는지 걱정했다.

그러나 떳떳하고 당당하다면 누군가를 의식하지 않을 수 있다.

누구에게 보여주기 위한 일이 아니다.

나를 위한 나의 일이다.

6장

목공

혼자이지만 혼자가 아닌 삶

아무도 없는 그곳에서

떠들썩한 공간에서도 외로움을 느낀다. 아무리 발버둥 쳐도 어쩔 수 없이 홀로임을 느낀다. 그러나 때로는 홀로이고 싶다. 홀로이고 싶지만 또 홀로가 무섭다. 혼자는 두려움과 외로움, 또 무언가에 대한 기대가 중첩되는 공간이다. 세상은 완벽히 혼자일 수도, 완벽히 함께일 수도 없다. 혼자이지만 함께해야 하고 함께하지만 혼자일 수밖에 없다.

하지만 사람은 혼자일 때 쉽게 방만해진다. 누군가 보지 않기 때문에, 또 누군가 듣지 않기 때문에 마음대로 해도 될 거라 생각한다. 그러나 홀로일 때의 그 모습이 진정한 자신의 모습일지 모른다. 어떤 시선도 없는 그곳에서 자신을 지켜나가는 사람이 한결같은 마음을 지닌 사람일 것이다.

공방에 와보니 문이 잠겨 있었다. 출장을 갔는지 아무도 보이지 않았다. 다행히 그날따라 평소에 가지고 다니지 않던 열쇠를 챙겨 나왔다. 굴러다니는 열쇠고리를 발견하여 채운 것이 주머니에까지 들어와 있었다. 열쇠가 없었다면 하릴없이 다시 발길을 돌렸을 터이다.

사람이 없어 그냥 돌아갔다고 이야기하면 늘보 선생님은 전화를 하지 왜 그냥 갔냐고 묻는다. 전화를 하면 괜히 번거롭게 하는 것 같아 마음이 편치 않다. 내게 열쇠를 준 이유는 그런 때 돌아가지 말고 공방에서 하고 싶은 일을 하라는 것인데, 열쇠를 챙기지 않은 건 나 자신이지 않나. 탓해야 할 건 자신인데, 나 때문에 누군가를 신경 쓰이게 하는 일은 내키지 않는다.

항상 누군가와 같이 있던 공방에 홀로 있자니 조금 이상한 느낌이었다. 뭘 만들어볼까 하며 자투리 나무가 쟁여진 선반 위를 왔다 갔다 했다. 작은 사무용 소품을 만들어볼까, 아니면 액자를 하나 짜볼까. 이것저것이 머리에 맴돌았다. 아무도 없을 때 평소에 잘 쓰지 않던 기계를 써볼까? 주먹장 맞춤을 한번 해볼까? 또 이런저런 생각이 드나들었다.

그런데 갑자기 내가 이상하다는 생각이 들었다. 평소에도 할 수 있는 일인데, 나는 왜 지금 그것을 하려는 것일까? 누가 있고 또 누가 없는 것이 내게 그렇게 중요한 일이었을까?

생각해보니, 부끄러운 탓이었다. 누군가 볼 때 실수를 하면 어떡하나 싶은 생각이 있었다. 혼자 몰래 하면 실수를 한다 해도 덮어버리면 그만이었다. 누군가에게 그런 실수를 보이는 것이 싫었던 것이다. 그러고 보니 반대의 경우도 있었다.

이론 수업이 끝나면 사람들은 본격적으로 자신의 가구를 만들기 시작한다. 처음 공구를 다루고 나무를 만지니 서툰 부분이 많다. 그럴 때 옆에서 도와주는 경우가 있다. 늘보 선생님과 함마 선생님이 처음부터 일일이 모든 것을 봐줄 수는 없기 때문이다. 간단한 공구의 사용법이나 순서는 협동목공 사람들이 도움을 주기도 한다.

만들던 가구가 있어서 늦게까지 공방에 있자니 목공 수업 시간이 되었다. 이제 막 실습을 하는 때였다. 조용히 있다 필요한 부분이 있으면 도움을 주면 될 것이었다. 그런데 괜한 호승심이 발동됐다. 초보자가 쓰지 못하는 공구를 들고 소위 폼을 잡고 있었다.

홀로 있으면서 그런 생각이 드니 얼굴이 화끈거렸다. 내가 공방을 찾은 이유는 무언가를 만들고 싶다는 열망, 나무의 촉감을 느끼고 싶다는 바람 때문이었다. 누군가에게 보여주려거나 또 누군가에게 자랑하려는 것이 아니었다. 그런데 이처럼 누군가 있을 때는 자랑하려 하고 부끄러운 모습을 보이지 않으려 하고 홀로 있을 때는 실수를 해도 괜찮다고 생각하고 있으니 한심했다. 목공을 하는 마음을 잃어버린 것과 같았다.

홀로 있을 때 삼가라

자신에 대한 열망으로 가득 차 있는 사람은 누군가를 의식하지 않는다. 사명을 위해 달리는 사람은 자신이 어떻게 보일까 걱정하지 않는다.

내가 가구를 만드는 이유는 보여주기 위해서가 아니라 내가 만든 가구를 내가 쓰기 위함이다. 더 잘 만들고 싶다는 마음은 자랑하기 위해서가 아니건만 쉽게도 그것을 잊는다.

공자가 말했다. "옛날의 학자들은 자신을 위해서 학문을 했는데, 지금의 학자들은 남을 위해 학문을 한다." – 《논어》 〈헌문憲問〉

子曰, 古之學者爲己, 今之學者爲人.

자신을 위해 학문하는 것을 위기지학爲己之學이라 하고 남을 위해 학문하는 것을 위인지학爲人之學이라 한다. 언뜻 들으면 다른 사람을 위한 위인지학이 이상에 가까워 보일지 모른다. 그러나 여기엔 또 다른 뜻이 숨어 있다. 마치 내가 누군가에게 보이려고 공구를 꺼낸 모습과 같다. 위인지학은 자신을 바로 세우는 것이 아니라 누군가에게 보이기 위해 하는 학문을 말한다.

자신을 자랑하기 위해서, 내 지식을 뽐내기 위해서 하는 학문이 위인지학이다. 그런 행동을 하며 스스로를 채우기 위해 학문을 하는 것은 프랑스의 기호학자 롤랑 바르트의 말처럼 단지 추위를 피하기 위해 밍크코트를 입는 것과 같다. 그러나 위기지학은 다르다.

나를 위해 학문을 한다는 것은 자신을 갈고 닦아 본질을 밝힘이다. 나를 바로 세우기 위한 학문이 바로 위기지학이다. 자신을 바로 세움에는 자랑이 없어야 한다. 그러면 곤궁함 속에서도 자신을 잃지 않게 된다. 자신을 잃지 않으면 원망이 없다. 곤궁을 넘어 부유해져도 나에 대한 누군가의 원망이 없다.

스스로에게 떳떳하다면 두려울 것이 없다. 떳떳하기에 또한 거침이 없다. 그러나 그것은 자랑이나 교만이 아니다. 자신에게 정성을 다하는 마음이어야 한다. 때문에 무엇을 하든지 그 첫 번째는 제 마음을 바로 하는 데 있어야 한다.

목공을 한다고 하니 주위에서 무언가를 만들어달라고 할 때가 있다. 조그만 화장대, 화분 받침대, 빨간 우체통, 유아용 식탁 의자 같은 것을 만들었다. 아직 판매를 할 수 있는 실력이 아니기에 돈을 받은 적은 없다. 그런데 다른 이의 것을 만들어줄 때의 마음은 내 것을 만들 때의 마음과 같지 않았다.

내 것을 만들 때는 실수에 크게 신경 쓰지 않는다. 내가 만들어 내가 쓸 것이니 조금의 흠결도 자신이 감당하면 된다고 생각한다. 그런데 다른 사람의 가구를 만들 때면 여간 신경이 쓰이는 게 아니다. 틀어지지는 않았는지, 흠이 생기지는 않았는지 자꾸 걱정스러운 마음이 앞선다. 그러다가 실수라도 저지르면 또 반대의 생각을 한다.

'내가 쓸 것도 아닌데 뭐.'

내가 쓰거나 누군가에게 주거나 만드는 과정은 다르지 않다. 그런데 나는 주인에 따라 다른 마음을 먹었다. 내가 쓰는 건 눈감아 줄 수 있는 실수라 부끄럽지 않지만 다른 사람에게 줄 가구에 실수가 생기면 그것을 알까 두려우면서도 내 것이 아니니 괜찮다고 반대의 마음을 먹었다. 언제나 변함 없는 마음이 아니라 수시로 변하는 마음을 가지고 가구를 만들고 있었다.

이른바 그 뜻을 정성스럽게 한다는 것은 스스로를 속이지 않는 것이니, 나쁜 냄새를 싫어함과 같고 좋은 색을 좋아함과 같다. 이것이 스스로 기꺼워함이다. 그러므로 군자는 반드시 홀로 있을 때를 삼가는 것이다.

소인이 한가하면 선하지 못한 짓을 한다. 군자를 본 뒤에는 슬며시 그 선하지 못함을 가리고 그 선함을 드러내려 한다. 사람들이 자기를 봄이 마치 그 폐와 간을 봄과 같으니, 곧 무슨 이익이 있겠는가? 이래서 마음속에 참된 생각이 있으면 밖으로 나타난다고 하는 것이다. 그러므로 군자는 반드시 그 홀로 있을 때를 삼간다.

증자가 말하였다. "열 눈이 보는 바이며 열 손이 가리키는 바이니 그 엄중함이여." 부는 집을 윤택하게 하고, 덕은 몸을 윤택하게 한다. 마음이 넓어지고 몸이 편안해진다. 그러므로 군자는 반드시 그 뜻을 성실하게 한다. -《대학大學》

所謂誠其意者, 毋自欺也, 如惡惡臭, 如好好色, 此之謂自謙. 故君子必愼其獨也. 小人閒居爲不善, 無所不至, 見君子而后, 厭然揜其不善, 而著其善. 人之視己, 如見其肺肝然, 則何益矣. 此謂誠於中, 形於外, 故君子必愼其獨也. 曾子曰 "十目所視, 十手所指, 其嚴乎!" 富潤屋, 德潤身, 心廣體胖. 故君子必誠其意.

자신의 뜻이 정성이면 스스로를 속일 필요가 없다. 내가 좋아하는 것에 어긋남이 없으니 좋아하는 것을 좋아하고 내가 싫어하는 것에 편벽됨이 없으니 싫어하는 것을 싫어하면 된다. 행동은 자연스럽고 마음은 흐르듯 막히지 않는다. 내가 좋아하는 것을 들킬까 염려하여 슬며시 감추는 것은 그 좋아함에 삿됨이 있기 때문이고 내가 싫어하는 것을 가려 보이지 않으려고 하는 것은 거기에 독선과 아집이 묻어 있기 때문이다.

누군가 볼 때는 잘못을 감추려 하고 누군가 보지 않을 때는 잘못을 내놓아도 부끄럽게 생각하지 않는다. 자신이 쓰는 것과 다른 사람이 쓰는 것에 차별을 두니 똑같은 가구를 만들어도 마음은 두 개의 극을 오가며 요동쳐 바르지 않다. 홀로 있을 때와 홀로 있지 않을 때가 같지 않으니 스스로를 속이고 있음이다.

그래서 《대학》에서는 자신의 간과 폐를 보는 듯하니 무슨 이익이 되겠느냐고 묻는다. 팔은 안으로 굽는다고, 자신의 폐와 간을 대하듯 너그럽기만 하니 스스로는 나아감이 없게 된다. 위 구절의 대의를 한 단어로 말하자면 '신독愼獨'이다.

삼갈 신愼, 홀로 독獨. 신독이란 홀로 있을 때 삼가라는 말이다. 홀로 있어도 혼자가 아닌 것처럼 삼가야 한다. 열 개의 눈이 바라보는 듯하고 열 개의 손가락이 엄중히 가리키고 있는 듯하니 어찌 삼가지 않을 수 있겠는가? 그러나 이는 누군가 바라보고 있기 때문에, 누군가 가리키고 있기 때문에 삼가라는 것이 아니다. 항상 자신에게 정성을 다함을 이르는 말이다.

스스로를 다그치면 두려움이 없다

율곡 이이의 어머니인 신사임당은 48세에 세상을 떠났다. 율곡이 16세 때의 일이었다. 율곡은 커다란 상실감에 빠졌을 것이다. 자신을 비추

나는 너희들보다 내 시선이 더 무서워.

어주고 자신에게 가르침을 주던 어머니의 부재는 인생의 기둥이 뽑히고 서까래가 무너지는 기분이었을 것이다. 율곡은 여막을 짓고 어머니의 삼년상을 치렀다. 율곡은 삶과 죽음의 문제에 부딪혔을 것이다. 어떻게 살아야 하는지, 깊은 회의의 늪에 빠진 율곡은 19세에 금강산으로 들어가 불교를 공부한다.

1년 후 20세가 된 율곡은 다시 강릉의 오죽헌으로 돌아온다. 그곳에서 율곡은 다시 자신의 인생을 점검하고 지표를 만든다. 스스로를 경계하는 '자경문自警文'을 짓고 평생 거기에 맞는 삶을 살기 위해 노력한다. 자경문에는 다음과 같은 말이 있다.

언제나 조심스레 경계하고 혼자 있을 때 삼가는 뜻을 가슴속에 품은 채 늘 생각하여 게으르지 않으면 모든 삿된 생각이 저절로 일어나지 못하느니라. 만 가지 악은 모두 혼자 있을 때 삼가지 않는 데서 생겨나느니라.

홀로 있는 것은 같지만 어떤 이는 혼자 있을 때 마음을 닦고, 어떤 이는 혼자 있을 때 마음을 더럽힌다. 홀로를 즐기는 사람이 있고 홀로를 견디지 못하는 사람도 있다. 홀로는 서로 다른 의미로 사람에게 다가온다. 그러나 변하지 않는 건 우리 모두 홀로를 피할 수 없다는 사실이다. 인간이 가진 필연적인 숙명 중 하나가 바로 이 '홀로'다. 숙명과 싸우는 존재가 또 인간이다. 홀로라는 공간은 적나라하다.

가구를 만들며, 인터넷을 하며 홀로라는 말을 되새긴다. 인터넷은 익명의 공간이다. 이름이 숨겨져 자신이 드러나지 않는다. 누군가의 시선에 포착되지 않는 공간이 인터넷이다. 그 속에서 사람들은 자신의 감정을 배설하고 드러내고, 부끄러워하지 않는다. 얼굴을 맞대고, 이름을 드러내고 할 수 없는 말을 익명에 숨어 뱉어낸다. 누군가 자신을 바라보고 가리키고 있다 생각하지 않기 때문이다. 그 이면에는 또 스스로를 긍정하지 못하고 부끄러워하는 마음이 숨어 있다.

스스로를 경계하며 자신을 바로 세우는 마음을 다짐한다. 가구 만드는 일이 내게 자경문이 될 수 있을까? 가구를 만드는 일이 아니라 세상의 모든 일이 내게 자경문이리라. 그럼 홀로 있다고 생각했는데 누군가의 시선에 소스라치게 놀라는 일은 이제 없을 것이다.

"나는 나 자신의 시선이 제일 무섭다."

그런 마음으로 무언가를 만들려 한다. 그런 마음으로 삶을 살려고 한다. 잘되지 않을 것이다. 하지만 그렇게 하려고 노력할 것이다.

내가 만든 가구로 채워진 서재의 모습

목수의 인문학

지은이 | 임병희

초판 1쇄 발행일 2015년 4월 17일
초판 2쇄 발행일 2015년 12월 14일

발행인 | 한상준
편집 | 김민정 · 이경민 · 이현령
표지 디자인 | 조경규
본문 디자인 | 김성인
종이 | 화인페이퍼
인쇄 · 제본 | 영신사

발행처 | 비아북(ViaBook Publisher)
출판등록 | 제313-2007-218호(2007년 11월 2일)
주소 | 서울시 마포구 월드컵북로6길 97 2층 (연남동)
전화 | 02-334-6123 팩스 | 02-334-6126 전자우편 | crm@viabook.kr
홈페이지 | viabook.kr

ISBN 978-89-93642-96-4 03100

• 이 도서의 국립중앙도서관 출판시도서목록(CIP)은 e-CIP홈페이지(http://www.nl.go.kr/ecip)와 국가자료공동목록시스템(http://www.nl.go.kr/kolisnet)에서 이용하실 수 있습니다.
(CIP 제어번호 : CIP2015009930)